rororo

Zu diesem Buch

Eltern haben heute ein Recht auf einen Kindergartenplatz. In der Regel dann, wenn ihr Kind drei Jahre alt geworden ist. Ausnahmen sind zwei neue Bundesländer, in denen dieses Recht bereits für Kinder unter drei und über sechs Jahre (bis 12) hinaus zugestanden wird. Aber die Eltern wollen auch einen guten Kindergarten für ihr Kind. Woran erkennt man einen solchen?

Die Autorinnen und Autoren dieses Buches, alles erfahrene Praktiker und Praktikerinnen, sind den wichtigsten Fragen von Eltern nachgegangen. Wie bekomme ich mein Recht auf einen Kindergartenplatz? Wann soll mein Kind in den Kindergarten? Was und wie lernen Kinder? Welcher Kindergarten ist der richtige für mein Kind? Was verbirgt sich hinter den verschiedenen Kindergarten-Konzeptionen? Wie kann der Start für mich und mein Kind gelingen? Was kann im Kindergarten alles geschehen? Welche Rolle spielen Eltern? Was passiert, wenn Eltern oder Kind mit der Erzieherin oder mit anderen Kindern nicht zurechtkommen? Wann soll mein Kind in die Schule?

Solche und mehr konkrete Probleme und Erfahrungen werden ausführlich erläutert. So können Eltern selber entscheiden, welcher Weg der beste für sie und ihr Kind ist.

Hinweise zu den Autorinnen und Autoren finden Sie auf S. 223 ff.

Anregungen und Kritik bitte an folgende Adresse: Büro für wissenschaftliche Publizistik Dr. Horst Speichert, Teutonenstr. 32b, 65187 Wiesbaden. Hier erhalten Sie auch gegen Voreinsendung eines frankierten DIN-C6-Umschlags einen Prospekt der Reihe «Mit Kindern leben».

Christine Lipp-Peetz / Anne Kettner-Grosbüsch
Irmgard Wagner / Egbert Haug-Zapp

Mein Kind im Kindergarten

Ein Begleiter für Eltern

in Zusammenarbeit mit:
Christiane Benthin, Gottfried Bichsel, Rainer Hoehne,
Marianne Krug, Thomas Mörsberger,
Sabine Naumann

Rowohlt Taschenbuch Verlag

rororo Mit Kindern leben
Herausgegeben von Bernhard Schön und Horst Speichert

Kinder haben eine Lobby
die Deutsche Liga
für das Kind

Partner von *rororo Mit Kindern leben*

Originalausgabe
Veröffentlicht im Rowohlt Taschenbuch Verlag GmbH,
Reinbek bei Hamburg, Juni 1999

Fotos von: Jürgen Junker-Rösch
Umschlaggestaltung Peter Wippermann / Jürgen Kaffer
(Foto: UCL/Bavaria)

Satz Bembo PostScript, QuarkXPress 3.32
Gesamtherstellung Clausen & Bosse, Leck
Printed in Germany
ISBN 3 499 60609 7

Inhalt

Vorwort

(Christine Lipp-Peetz)

Alles klar: Ihr Kind wird drei Jahre alt und kommt in diesem Jahr in den Kindergarten. Sie haben ein Recht auf einen Kindergartenplatz und brauchen sich deshalb keine Sorgen zu machen, ob es auch genügend Plätze gibt. Aber Vorsicht: Wollen Sie Ihr Kind vormittags betreut wissen oder den ganzen Tag über? Hier kann ein Problem lauern. Es ist nämlich keineswegs sicher, daß Sie Ihr Kind ganztags in einen Kindergarten bringen können. In der Regel garantiert Ihnen der Gesetzgeber lediglich ca. vier Stunden Betreuungszeit. Kümmern Sie sich also rechtzeitig darum, wenn Sie Ihr Kind länger betreut wissen wollen. Und was Sie sonst noch wissen müssen, um zu Ihrem Recht zu kommen, lesen Sie auf den Seiten 45ff. dieses Buches.

Ihr Kind freut sich auf den Kindergarten und Sie sich auch. Endlich mal etwas mehr Zeit für sich selbst und für all das, was auch noch wichtig ist im Leben. Der Beruf kann wieder einen anderen Stellenwert einnehmen bzw. der Streß mit all dem, was gleichzeitig unter einen Hut zu bringen ist, kann sich ein wenig verringern. Dann nähert sich der Zeitpunkt, und Ihr Kind will plötzlich doch nicht mehr gehen. Und Ihnen selbst wird es auch manchmal etwas mulmig zumute. Keine Angst, so geht es allen Müttern und Kindern – und auch den Vätern, wenn sie genügend Zeit in der Familie verbringen. Es ist doch immerhin in der Regel die erste richtige Trennung von Ihrem Kind und damit ein nicht zu unterschätzendes Ereignis. Deswegen schenken wir der psychischen Seite des Kindergarteneintritts große Aufmerksamkeit. Wir beschreiben, unter welchen Bedingungen der Start sowohl für Ihr Kind wie für Sie selbst gut gelingen kann.

Natürlich wollen Sie einen guten Kindergarten für Ihr Kind. Nur, wie finden Sie diesen, woran erkennen Sie, daß dieser eine – für Ihr

Kind und für Sie – genau der richtige ist? Wir helfen Ihnen bei einer überlegten Auswahl. Dabei machen wir nicht nur die pädagogischen Konzeptionen durchsichtig, von denen Sie bestimmt hören werden, sondern machen Sie auch darauf aufmerksam, was sich sozusagen zwischen den Zeilen abspielen kann und eine Entscheidung beeinflußt.

Das Buch begleitet Sie auch auf den einzelnen Etappen der Kindergartenzeit. Es kann allerhand passieren in diesen (meist) drei Jahren. Viel Erfreuliches, manch Unerwartetes und manchmal auch Dinge, die Kopfzerbrechen bereiten. Auf einiges Selbstverständliche wollen wir Sie vorbereiten, damit Sie sich keine unnötigen Gedanken machen. Zum Beispiel sorgen sich Eltern immer wieder, ihr Kind könnte nicht ganz zu seinem Recht kommen, ein Außenseiter werden oder nicht genügend gefördert werden. Wir zeigen Ihnen, wie Sie in einem solchen Falle mit den Erzieherinnen reden können – und warum solche Gedanken manchmal mehr mit einem selbst zu tun haben als mit dem eigenen Kind. «Mein Kind schnappt alle Krankheiten auf», ist ein Thema, das viele Eltern bewegt. Ein erfahrener Kinderarzt kann Sie vielleicht beruhigen und Möglichkeiten aufzeigen, wie man auch damit umgehen kann.

Selbstverständlich kümmert sich dieses Buch auch um die Schulvorbereitung im Kindergarten. Wie wir wissen, ein wichtiger, immer wiederkehrender Aspekt für alle Eltern und für die Kinder genauso. An dieser Stelle haben wir der Situation in den neuen Bundesländern eine gesonderte Betrachtung gewidmet, weil sich gerade bei diesem Punkt deutliche Veränderungen zu früher abzeichnen. Die Eltern sind verunsichert, ob ihre Kinder heute noch genügend auf die Schule vorbereitet werden. Ansonsten trennen wir nicht zwischen Ost und West, zwischen Süd und Nord. Unsere Beispiele stammen aus allen Himmelsrichtungen dieser Republik und richten sich gleichermaßen an Leserinnen und Leser in den alten wie den neuen Bundesländern.

Der Rolle der Eltern in diesem «Haus für Kinder» messen wir große Bedeutung bei. Hier hat sich viel getan in den letzten Jahren, und es wird auch weiter einiges in Bewegung bleiben. Wer möchte, kann einiges dazu beitragen, daß die Lebensbedingungen von Kindern und Eltern mehr beachtet werden, daß Entwicklungen unterstützt werden, die heutige Familien brauchen, und Sie können sich daran beteiligen,

Politikern klarzumachen, daß eine kinderfreundliche Politik sich für sie auszahlen könnte.

Den Hintergrund für diesen praktischen Ratgeber bilden viele Kinder, ihre Mütter, Väter und Erzieherinnen, denen wir in unserer beruflichen Tätigkeit begegnet sind. Durch sie erfuhren wir von den Fragen, Unsicherheiten, von ihren Wünschen und Bedürfnissen, von Problemen und von positiven Begebenheiten. Wir hoffen, daß wir durch die Beschreibung dieser Erfahrungen dazu beitragen können, daß diese wichtige Phase im Leben Ihres Kindes für Sie und für Ihr Kind gut verläuft.

Die Welt ist so schön ... ob zu Hause oder im Kindergarten

Warum Kinder und Eltern den Kindergarten brauchen

(Anne Kettner-Grosbüsch)

Sowohl für Kinder als auch für Eltern ist der Kindergarten unentbehrlich geworden. In seinem Angebot kommen wichtige Bedürfnisse von Kindern und Eltern gleichermaßen zu ihrem Recht.

Eltern (Mütter) brauchen Kindergärten

Noch sind es vor allem die Mütter in den Familien, für die die Entscheidung, Kinder zu bekommen, gleichzeitig einen längeren Ausstieg aus dem Beruf bedeutet. Die meisten von ihnen haben bis dahin die Schule, eine Berufsausbildung oder ein Studium durchlaufen, vielleicht erste Erfahrungen in der Arbeitswelt gesammelt und eventuell auch schon berufliche Erfolge verbucht – genau wie der Partner. Oft stehen sie am Anfang einer beruflichen Karriere, die aufgrund der heutigen Arbeitsmarktlage oder der rasanten Entwicklung und Veränderung in bereits allen Arbeitsbereichen unserer Gesellschaft eigentlich keine Unterbrechung duldet.

Die Entscheidung für Kinder ist deshalb heute verbunden mit dem Risiko, den eigenen beruflichen Wiederanschluß zu verpassen. Ein Risiko, das – trotz Gleichberechtigung – nur ganz wenige Väter auf sich nehmen.

Aber auch dort, wo der Berufswunsch eines Elternteils zugunsten der Kinder bewußt zurückgestellt wurde, erhebt sich immer häufiger, aufgrund steigender Lebenshaltungskosten, die Notwendigkeit von zwei oder zumindest eineinhalb Einkommen in der Familie.

In besonderer Weise ist die steigende Anzahl der Alleinerziehenden, auch das betrifft in der Mehrzahl Frauen in der BRD, auf die Betreuung ihrer Kinder durch den Kindergarten angewiesen.

Durch sein Betreuungsangebot für Kinder ab drei Jahren ist der Kindergarten heute für viele Frauen die Voraussetzung für den Wiedereinstieg in die Berufstätigkeit nach der ersten Erziehungsphase der Kinder. Das ist unabhängig davon, ob die Mutter ihre Karriere fortführen möchte, sie aus finanziellen Gründen zusätzlich zu ihrem Mann arbeiten gehen muß oder Haupt- bzw. Alleinverdienerin ist.

Im Zusammenhang mit dem Schwangerschaftshilfegesetz wurde deshalb auch der Rechtsanspruch auf einen Kindergartenplatz ab drei Jahren gesetzlich geregelt (s. a. S. 45 ff.).

Ausweg aus der Isolation

Kindergärten werden in Gemeinden und Stadtteilen zu wichtigen Begegnungsstätten für Eltern. Hier treffen sie andere Mütter und Väter. Hier können sich Interessengemeinschaften und auch Freundschaften bilden. Für viele Kinder und ihre Mütter bedeutet der Kindergarten deshalb auch eine Hilfe, aus ihrer isolierten Situation herauszukommen, in die sie Städteplanung, Arbeitswelt und moderne Lebensweise häufig geführt haben.

Kinder brauchen Kinder(gärten)

Kinderspiel fand in früheren Zeiten vor allem draußen statt: im Hof, auf der Straße, im Wald, auf Feld und Wiese. Die heutige Verkehrssituation hat selbst in reinen Wohngebieten und ländlichen Gegenden das Spielen im Freien verändert. Ein unbeaufsichtigter Aufenthalt von Kindern unter sechs Jahren auf der Straße ist meist lebensgefährlich und damit unmöglich geworden.

In Kindergärten haben Kinder Vorfahrt. Es sind eigene Orte für Kinder. Dort wird am kindlichen Bedürfnis nach Bewegung, Spiel und Bildung geplant und gehandelt.

Das Spiel draußen mit anderen Kindern bedeutete für Mütter in früheren Zeiten häufig die notwendige tägliche Entlastung in der Kinderbetreuung.

Dazu kam, daß Großeltern und andere Verwandte einen selbstverständlichen Teil zur Kinderbetreuung innerhalb der Familie beitrugen. Diese Zeiten sind unwiderbringlich vorbei. Verwandtschaftliche Beziehungen werden heute nicht mehr so eng gelebt. Außerdem fordern Arbeitswelt und Arbeitsmarkt häufig flexibles Verhalten in bezug auf den Lebensort. Familien erleben deshalb heute häufigere Umzüge und Wohnortwechsel. Oma und Opa wohnen nicht mehr um die Ecke.

Außerdem sind Großeltern (mit im Durchschnitt um die 50 Jahren) heutzutage in einer Lebensphase, in der sie selbst noch beruflich gefordert sind oder in der sie sich, nachdem die eigenen Kinder aus dem Haus sind, in Beruf oder Freizeit neu orientieren wollen.

In Kindergärten erleben Kinder heute einen Teil dessen, was früher die Umwelt und die Verwandtschaft boten: verläßliche Beziehungen zu anderen Erwachsenen, auch außerhalb des Elternhauses, und Eltern erhalten die notwendige Entlastung in der Betreuung der Kinder.

Kinder brauchen andere Kinder

Die fanden sie früher in der Großfamilie oder beim Spiel auf der Straße. Heute müssen Eltern oft Ersatz sein für fehlende Spielkameraden, oder sie müssen ihr Kind zum Spielplatz und zum Freund begleiten. Dabei wollen Kinder ihre Eltern gar nicht immer dabeihaben. Sie suchen ihresgleichen und sind auch gerne unter sich. Und doch verlangen Wohn- und Lebensverhältnisse heute eine ständige Begleitung und spezielle Unternehmungen, wie z. B. den Besuch von Spieltreffs, Mutter-Kind-Turnen etc. Manche Mutter wird zur Chauffeuse ihrer Kinder, und das verhindert gleichzeitig deren Selbständigkeit und Eigenverantwortung.

Gemeinsam Rutschen ist toll

Im Kindergarten finden Kinder andere Kinder zum Spielen und zum Freundschaften schließen. Sie streben im Alter von drei Jahren immer stärker weg vom vertrauten Erwachsenen und wollen vieles schon alleine machen. Der notwendige vertraute und überschaubare Rahmen, den sie noch dazu brauchen, wird hier geboten. Durch den Kindergartenbesuch erleben sie einen wichtigen Ablösungsprozeß von den Eltern, der ihrem Drang nach Selbständigkeit entgegenkommt. Sie erfahren sich in einer Gruppe mit anderen, lernen, sich zurechtzufinden, zu behaupten, einzugliedern und auch durchzusetzen. In Kindergärten gibt es Neues zu erleben und zu lernen. Dort wird kindliche Neugier gefördert und ihrem Tatendrang mit vielerlei Aktivitäten entgegengekommen.

Es treffen sich zwei Bedürfnisse: Das Kind braucht andere Kinder, und Mütter brauchen wieder etwas mehr Luft für sich selbst, sei es für eine wiederbeginnende Berufstätigkeit, für Fortbildung oder auch einfach für die Verwirklichung anderer eigener Interessen, die mit einem kleinen Kind oft nicht zu realisieren sind.

Was und wie Kinder im Kindergarten lernen

(Anne Kettner-Grosbüsch)

Gleichwertig mit der Betreuungsaufgabe kommt den Kindergärten ein eigener Bildungsauftrag zu. Die pädagogischen Konzepte von Kindergärten orientieren sich an den Bedürfnissen und Fähigkeiten von Kindern zwischen drei und sechs Jahren. Hier werden sie ernst genommen in ihrem Drang nach Eigenständigkeit, in ihrer Neugier, «die Welt» zu erkunden: Kinderfragen werden aufgegriffen, es wird gemeinsam nach Erklärungen gesucht. Phantasie und eigene Ideen werden gefördert. Wichtige soziale Kompetenzen werden gelernt. Kulturgut, wie Lieder, Geschichten und Kinderspiele, werden vermittelt. Kulturelle Traditionen werden gepflegt und für Kinder dadurch lebendig und verständlich.

Kindergärten sind «Orte für Kinder», an denen sie vor dem Schuleintritt Bildung, Anregung und Förderung erfahren.

Das Lernen im Kindergarten verläuft allerdings anders als in der Schule. Im Kindergarten wird nicht Wissen vermittelt, sondern das körperliche, seelische und soziale Wachstum der kindlichen Persönlichkeit angeregt und unterstützt. Der Alltag dort wird zum Lernfeld, in dessen Mittelpunkt Situationen wie z. B. das Essen, Konflikte-Austragen oder gemeinsame Unternehmungen stehen. Spielen ist dabei die wichtigste Form des Lernens.

Sehen wir uns diesen Alltag einmal genauer an, so entdecken wir, wie viele Erfahrungsmöglichkeiten das Zusammenleben und das kindliche Spielen in sich bergen und wie unermüdlich und vielfältig Kinder dabei lernen.

Kleine Schritte zur großen Selbständigkeit

Wenn Ihr Kind in den Kindergarten kommt, hat es dort an der Garderobe einen eigenen Platz für die Jacke und ein Fach für Schuhe und Hausschuhe, es hat im Waschraum vielleicht ein eigenes Handtuch und sein Zahnputzzeug und in seiner Gruppe wahrscheinlich ein Fach für sein Eigentum und einen Platz für sein Täschchen. Sobald Kinder im Kindergarten sind, lernen sie schnell, diese Dinge eigenständig zu nutzen. Sie machen es ganz einfach den anderen Kindern, die darin schon erfahrener sind, nach. Bekanntlich übernehmen die jüngeren Kinder in einer Familie vieles ganz selbstverständlich von den älteren Geschwistern, und so ist das auch im Kindergarten. Das Vorbild der anderen Kinder bewirkt oft einen wahren Schub an selbständigem Verhalten. Etliches, bei dem zu Hause noch die Eltern oder ältere Geschwister helfen mußten, wird jetzt in der Gemeinschaft rasch allein gemacht.

Natürlich bekommen die Kinder noch die nötige Unterstützung durch die Erzieherinnen oder ältere Kinder. Es wird dabei aber auch darauf geachtet, daß das Kind so viel wie möglich selbst probiert und daß es das, was es schon kann, auch selbst erledigen darf. So lernt es – nicht etwa durch ein besonderes Einüben oder gar Trainieren – viele Fertigkeiten in den ganz normalen Lebenssituationen, z. B. das An- und Ausziehen, den Gang zur Toilette, sich etwas zum Trinken eingießen, Verschüttetes mit dem Lappen aufwischen, nach dem Spielen aufräumen. Im Kindergarten wird zusammen gekocht oder gebacken. Kinder lernen den Umgang mit Messer, Küchengeräten und Herd. Sie decken den Tisch, es wird gebastelt und gewerkt. Kinder lernen, die Schere und verschiedenes Handwerkszeug zu nutzen. Da werden auch mal Puppenkleider gewaschen, Geschirr gespült, ein Gemüsebeet im Garten angelegt oder eine Hütte gezimmert.

Im Alter zwischen drei und sechs Jahren haben Kinder einen riesengroßen Drang nach Selbständigkeit. Darin finden sie im Kindergarten Unterstützung und Zutrauen. Sie erfahren in einem überschaubaren Rahmen noch angemessene Hilfestellung und Begleitung, aber auch Ermutigung zum eigenen Handeln. «Ich kann etwas, ich darf das schon alleine machen, man traut mir etwas zu», solche Erfahrungen

Kreisspiele kann man nur in der Kindergruppe machen

stärken Kinder im Selbstvertrauen und steigern ihre Lernmotivation.

Kindergärten bieten Raum und Zeit für Bewegung und vielfältiges Spiel. Wenn Kinder klettern, balancieren, springen, hüpfen oder hangeln, wenn sie hämmern, sägen, tragen oder schnitzen dürfen, werden sie geschickt und klug. Denn im Spiel, in der Bewegung und im Tätigsein entwickeln sich wesentliche körperliche Fähigkeiten und das Wahrnehmungsvermögen. Wenn Kindern etwas zugetraut wird, wenn sie etwas allein tun dürfen, werden sie stark, entwickeln sie Eigeninitiative und Vertrauen in sich selbst.

Großes Ich entdeckt großes Du

Gemeinsames Spiel bedeutet für Kinder viele Anregungen, Möglichkeiten und auch Spaß und Bewegung. Im Spiel reden Kinder miteinander. Sie lernen, sich mitzuteilen und erfahren dabei Sprache als Kommunikationsmittel. Auf ganz natürliche Weise differenziert sich dabei ihre Ausdrucksfähigkeit immer mehr. Sie hören und erzählen Geschichten, sie besprechen gemeinsame Vorhaben, sie schlüpfen beim Spielen in verschiedene Rollen, und sie lernen, sich gegenseitig zuzuhören.

Durch gemeinsames Spielinteresse entstehen Kontakte. Freundschaften werden geschlossen, Konflikte ausgetragen. Im Spiel planen und handeln Kinder zusammen. Sie erfahren dabei, wie man eigene Interessen in die Gemeinschaft einbringen kann. Sie lernen, sich in einer Gruppe zu behaupten und sich, wenn es notwendig ist, auch einmal gegenüber den anderen durchzusetzen. Sie erfahren, wie man sich einigen kann, wie man zu einem gemeinsamen Ziel kommt und wie man aufeinander Rücksicht nimmt. Kinder äußern Bedürfnisse und Gefühle noch sehr unmittelbar und oft recht heftig. Solches Verhalten führt zu Reibereien, Interessengegensätze entstehen und oftmals auch Rivalitäten. All das sind normale Vorkommnisse in jeder Gruppe. In Kindergärten werden Kinder ermutigt, solche Konflikte durchzustehen. Sie werden darin unterstützt, Streitigkeiten zu klären, und lernen dabei ein wichtiges Stück demokratischer und partnerschaftlicher Lebensweise.

In der altersgemischten Gruppe erlebt sich ein Kind mal als klein und mal als groß, mal hilfsbedürftig und mal helfend, mal unterlegen und mal überlegen, mal gewinnend, mal verlierend. Es erlebt sich in seinen Stärken und Schwächen, in seinen Möglichkeiten und Grenzen. Dabei lernen Kinder, mit den eigenen Gefühlen umzugehen. Die vielen verschiedenen Erfahrungen helfen ihnen, andere besser zu verstehen, um dort, wo es nötig ist, auch einmal Hilfe, Mitgefühl und Anteilnahme zeigen zu können.

Im Kindergarten erfährt ein Kind, daß es Regeln in der Gemein-

Zusammen geht es besser

schaft gibt und daß man sie akzeptieren muß. Genauso kann es aber auch lernen, Regeln zu hinterfragen, zu verändern und mitzugestalten.

Spaß und Zank

Zusammenleben im Kindergarten hat viel mit Spiel und Spaß zu tun – aber auch mit Auseinandersetzung, mit Zank, mit Sich-Durchsetzen und mit Kompromisse-Schließen. Im Kindergarten werden Kinder ermutigt, Konflikte durchzuhalten und zu bewältigen. Die Erzieherin unterstützt Kinder dabei, sich in ihren Wünschen und Meinungen gegenüber anderen mitzuteilen. Sie hilft ihnen, sich miteinander abzusprechen und zu einigen. Sie steht bei, wenn es gilt, einen Streit zu klären, oder hält sich einmal bewußt zurück, weil sie merkt, daß die beteiligten Kinder jetzt allein in der Lage sind, sich zu verständigen.

Mal erleben Kinder, daß sie etwas ganz allein schaffen können, ein andermal, daß das Ergebnis einer Gruppe vielfältiger sein kann, als das eines einzelnen. So erfahren sie, daß jedes einzelne Kind ein wichtiges Glied in der Gemeinschaft ist.

Angebote fürs gemeinsame Spielen

Die Spielangebote im Kindergarten unterstützen die soziale Entwicklung von Kindern. Meist sind schon die Räumlichkeiten so gestaltet, daß es verschiedene Spielecken oder Bereiche gibt, die dazu anregen, daß Kinder dort in größeren und kleineren Grüppchen miteinander spielen können. Es gibt Winkel, die den Rückzug allein oder mit nur einem Partner ermöglichen.

Im Kindergarten gibt es Spielmaterial, das zum Spiel mit anderen geradezu verlockt. Bausteine, ein Puppenhaus, Kasperfiguren oder Verkleidungssachen. Für das gemeinsame Rollenspiel werden z. B. Arztsachen, Frisierzeug, Puppensachen, ein alter Staubsauger oder alte Telefone gesammelt. Abfall- oder Naturmaterialien sind für Kinder wahre Schätze. Sie bauen zusammen aus Steinen, Blättern, Tannenzapfen oder Kastanien ganze Anlagen für ihre Spieltiere und Puppen. Sie bauen Burgen aus Sand oder ein Puppenhaus aus alten Schachteln. Aus einem alten Fernseher oder Staubsauger entsteht eine Raumfähre, in der tagelang zusammen der Weltraum durchkreuzt wird. Aus Tüchern und Decken wird ein Zelt gebaut, in dem die Kinder Zirkus spielen, oder es entstehen Hütten, in denen die Kenntnisse über Indianer umgesetzt werden.

Es gibt im Kindergartenalltag unzählige Möglichkeiten zum *gemeinsamen Handeln*. Mal wird z. B. auf großes Papier ein gemeinsames Bild gemalt, mal backen alle zusammen einen Kuchen und essen ihn anschließend miteinander, mal wird gemeinsam ein Ausflug geplant und durchgeführt oder im Garten ein kleines Biotop angelegt. Auch im Bereich der Bewegungs- und rhythmisch-musikalischen Erziehung gibt es unzählige Möglichkeiten des *Zusammenspielens*: Partnerspiele, gemeinsame Singspiele oder Tänze, Spiele, bei denen alle dasselbe tun oder gemeinsam ein Ziel erreichen müssen. Da können sich Kinder beim Turnen gegenseitige Hilfestellung geben oder mit einfachen Instrumenten zusammen ein Lied begleiten.

Im Kindergarten gibt es viele *Anlässe zum gemeinsamen Feiern*: Geburtstage, Feste aus dem Jahresablauf oder dem Kirchenjahr, besondere Anlässe, wie z. B. die neuen Kinder in der Gruppe oder die Verabschiedung der Schulanfänger, werden zusammen gestaltet. Solche Feste sind Höhepunkte im Gruppenleben.

Freude am Lernen entdecken

Kinder sind neugierig, und wenn sie nicht daran gehindert werden, sind sie ständig dabei, etwas zu entdecken. Kindliche Neugier ist die wichtigste Triebfeder zum Lernen, und das wird im Kindergarten unterstützt. Hier dürfen Kinder ausprobieren, hier werden interessante Sachen, von der Regenpfütze bis zum Marienkäfer, genau betrachtet und damit zum Ereignis!

Im Kindergartenalter lernen Kinder ganzheitlich, sie machen grundlegende Erfahrungen mit all ihren Sinnen. Sie wollen die Dinge nicht nur betrachten oder darüber reden, sie wollen sie anfassen, ausprobieren, daran riechen, damit experimentieren. Deshalb haben Kinder zwar häufig klebrige Hände und schmutzige Hosen, aber nur so machen sie all die Erfahrungen, die sie ein paar Jahre später in die Lage versetzen, in der Schule mitzudenken und Zusammenhänge gedanklich nachzuvollziehen.

Die *Spielmaterialien* im Kindergarten sind nach pädagogischen Kriterien ausgewählt und aufeinander abgestimmt. Es gibt z. B. Bausteine oder andere Konstruktionsmaterialien. Im Umgang damit erfahren Kinder erste statische und mechanische Gesetzmäßigkeiten.

Es gibt Material zum Rollenspiel, Verkleidungssachen, Puppenspielzeug, vielleicht einen Arztkoffer. Damit spielen Kinder Erlebnisse nach und verarbeiten Erfahrungen aus ihrem Alltag. Sie schlüpfen in andere Rollen und erweitern dadurch ihr Erfahrungsfeld. Sie erspielen sich ihre Wunsch- und Traumrollen aus Märchen- und Medienwelt.

Es gibt Zuordnungs-, Würfel- oder Puzzlespiele. Dabei werden Farb- und Mengenbegriffe und erste Zahlenkenntnis erworben.

Experimentieren können die Kinder mit einer Waage, einer Lupe oder einem Magneten. Vielleicht werden besondere Steine oder andere «Schätze» gesammelt, die zum genauen Betrachten, zum Beobachten und zum Untersuchen anregen.

Kinder suchen nach wahrer und wirklicher Betätigung. Auch im Spiel wollen sie nicht nur so tun als ob. Sie wollen die Dinge «in echt» machen. Deshalb wird in Kindergärten nicht nur im Puppenherd gebacken, sondern auf dem richtigen Herd (in Kinderhöhe) gekocht und mit echtem Werkzeug gearbeitet. Erzieherinnen unterstützen die Kinder dabei mit Rat und Tat.

Kinderfragen werden ernst genommen

Man macht sich zusammen auf die Suche nach Antworten. Bedürfnisse und Interessen von Kindern werden in Spielangeboten, Unternehmungen und Projekten aufgegriffen und vertieft. Kinder erhalten Anreize, sich mit dem auseinanderzusetzen, was heute zu ihrem Lebensfeld, zu Umwelt und Natur gehört. In den meisten Kindergärten wird heute nach dem sogenannten «situationstheoretischen Ansatz» (s. a. S. 74 ff.) gearbeitet. Es werden Themen aus den Lebensbereichen der Kinder aufgegriffen, die für die Gruppe von Bedeutung sind. Solche Themen haben immer konkrete Anlässe:

- Vielleicht bekam ein Kind ein Geschwisterchen. Plötzlich wird in der Gruppe alles, was mit Geburt zu tun hat, interessant.
- Oder es gab in einer Familie einen Todesfall. Jetzt haben die Kinder Fragen, die damit verbunden sind.
- Vielleicht gibt es neben dem Kindergarten eine Baustelle, die Kinder beobachten und stellen Fragen.
- Kinder sehen der Müllabfuhr zu. Nun interessiert es sie, was mit dem Müll geschieht.
- Beim Essen entsteht plötzlich die Überlegung, woher das Gemüse, das Brot oder die Wurst kommen.

Solche Themen aus dem Erlebensbereich greifen Erzieherinnen auf und bieten dazu Tätigkeiten an, die Kinderfragen nachvollziehbar beantworten:

- Vielleicht wird einmal die Backstube einer Bäckerei besucht, im Supermarkt der Kaufmann nach der Herkunft der Waren befragt oder dem Bauern beim Kartoffelstoppeln geholfen.
- Vielleicht wird im Garten ein Beet mit Gemüse angepflanzt, das die Kinder bis zur Ernte pflegen. Getreide wird gemahlen und daraus Kuchen oder Brot gebacken.
- Vielleicht werden im Kindergarten die Abfälle in organischen und wiederverwertbaren Müll getrennt. Ein Komposthaufen wird angelegt und vieles mehr.

So werden viele Erklärungen über Dinge aus dem familiären oder nachbarschaftlichen Bereich, aus Natur, Technik, Kultur oder Religion erfahrbar, indem sie die Kinder ganzheitlich, in all ihren körperlichen, geistigen, emotionalen und sozialen Fähigkeiten ansprechen.

Zum eigenen Ausdruck finden

Kindergärten bieten Kindern viele Möglichkeiten, ihre eigenen Empfindungen auszudrücken und ihre Vorstellungen und ihre Phantasie zu entwickeln. Die Räume sind so gestaltet, daß Arbeiten mit Farbe, Knete oder Ton möglich sind. Beim Werken kann geschnitten, gesägt, gehämmert, geklebt und gekleistert werden. Kinder dürfen mit Wasser, Sand und Erde spielen. Sie sammeln Naturmaterialien und «Abfall»: Holz, Steine, Kastanien, Blätter, Baumrinde, Woll- und Stoffreste, Schachteln, Kartons, alte Kleider und Hüte: Für alle diese Dinge finden Kinder reichlich Verwendung. Sie lassen daraus Schiffchen, Marionetten, Häuser, Musikinstrumente, Figuren entstehen. Und aus alten Kleidern werden Verkleidungen, aus Tischen und Stühlen, Tüchern und Kartons werden Hüttchen, Höhlen oder Schlösser.

In Kindergärten steht auch die Förderung im rhythmisch-musikalischen Bereich auf dem Plan. Es werden Lieder gesungen, Singspiele gemacht, Musik und Geschichten in Bewegung umgesetzt. Es gibt Klang- und Rhythmusinstrumente wie Glockenspiel, Triangel, Tamburin, Trommel, Klangbausteine, Schellen und Klanghölzer.

Konzentriert bei der Sache

Malen, Gestalten, Werken, Musizieren und Rollenspiel sind wichtige und kindgerechte Ausdrucksformen für Empfindungen, Phantasien, Wünsche und auch Ängste, die Kinder verbal oft noch gar nicht auszudrücken vermögen. All dieses Unbewußte kann dabei an die Oberfläche gelangen, ausgelebt und verarbeitet werden. Phantasie und Schöpfungskraft sind keine nebensächlichen Spielereien, sie sind eine ganz wesentliche Stimulanz für Geist und Seele, um sich auszudrücken und im förderlichen Sinne entfalten zu können.

Auf der Suche nach Werten und Sinn

Kinder wollen wissen, woher wir kommen und wohin wir gehen. Sie wollen wissen, was gut und was böse ist. Sie wollen Erklärungen dafür, warum es Kriege gibt und warum Menschen verhungern.

Kindergärten sind keine Orte, die Lebenseinstellungen von Kindern festlegen. In dieser Hinsicht spielt die Familie eine weitaus größere Rolle. Sie ermöglichen Kindern jedoch die Begegnung mit verschiedenen Lebensweisen, Ansichten und Werten. Hier erleben sie Kinder aus anderen Familien, anderen sozialen Verhältnissen oder anderen Ländern, Erwachsene mit unterschiedlichen Einstellungen und vielleicht auch anderen Meinungen, als sie das von den Eltern her kennen.

Kindergärten sind multikulturelle Orte. Sie können ein Platz sein, an dem Kinder Andersartigkeit – angefangen von Lebensstil, Aussehen, Temperament, Eßgewohnheit bis hin zur religiösen Einstellung – erleben. Hier kann Toleranz und Akzeptanz vermittelt werden.

Kinder profitieren von den Erwachsenen

Wenn wir betrachten, was Kinder in Kindergärten lernen, fällt auf, daß sich das meiste davon in ganz alltäglichen Situationen und nicht in spektakulären Aktionen vollzieht. Erzieherinnen erkennen und nutzen solche Situationen und Spielmomente, in denen Kinder selbständig handeln können, miteinander umgehen lernen, Lernmotivation entwickeln, Kreativität und Phantasie entfalten nach der Devise: Wir lernen in Lebenssituationen für das Leben.

Dabei müssen wir uns im klaren sein, daß nicht jeder Kindergarten gleich ist. Einiges von dem, was auf den vergangenen Seiten genannt wurde, ist mancherorts lediglich Programm. Es mag aber als Hinweis für Eltern dienen, was alles möglich ist.

Die Qualität von Kindergärten steht und fällt mit den Menschen, die diese Einrichtungen mit Leben füllen, die aufgrund ihrer Persönlichkeit jeweils andere pädagogische Schwerpunkte und Grenzen setzen. Was die eine Erzieherin als selbständigkeitsfördernd betrachtet, empfindet die andere vielleicht bereits als eine gefährliche Situation, vor der Kinder bewahrt werden müssen. Die eine läßt z. B. Kinder einen Streit ganz bewußt austragen, damit die Beteiligten lernen, sich durchzusetzen und zu einigen. Eine andere würde genau dieselbe Situation als Überforderung für das einzelne Kind deuten.

Sowohl im zwischenmenschlichen Bereich als auch in den persönlichen Fähigkeiten sind Erzieherinnen, wie andere Menschen auch, unterschiedlich talentiert. Der einen fällt es leicht, auf Eltern zuzugehen, die andere tut sich schwer damit. Die eine hat die Fähigkeit, tolle Feste zu organisieren, einer anderen liegt das überhaupt nicht. Nicht jede kann mit Kindern musizieren. Aber vielleicht kann sie dafür phantasievoll erzählen. Die eine ist impulsiv und reißt mit ihrem begeisternden Wesen die Kinder richtig mit, eine andere ist vielleicht ruhiger und stiller und so für die Kinder der vertraute, ruhige Punkt in der Mitte des Geschehens. Erzieherinnen können nicht allen Ansprüchen gerecht werden. Wichtiger ist es, daß sie ihre eigenen Fähigkeiten und Stärken so einsetzen, daß Kinder dadurch profitieren können.

Und noch etwas: Kinder haben feine Antennen für zwischenmenschliche Beziehungen. Sie spüren genau, wenn es z. B. zwischen den Kolleginnen im Kindergarten nicht stimmt oder wenn zwischen den Eltern und Erzieherinnen Spannungen auftreten. Wir dürfen nicht erwarten, daß Kinder dort Verständnis, Einfühlungsvermögen und Toleranz lernen, wo sie im Verhalten der Erwachsenen untereinander das Gegenteil erfahren. Oft spüren Kinder solche Ungereimtheiten, schon lange bevor sie uns selbst bewußt werden.

Genausowenig werden Kinder dort Kreativität und intensives Spiel entwickeln, wo Erzieherinnen ohne Engagement und ideenlos arbeiten.

Bedingungen für gute Kindergartenarbeit

Eine lebendige und erfahrungsreiche Kindergartenarbeit setzt *ausreichende räumliche, materielle und personelle Gegebenheiten* voraus. In vielen Einrichtungen mangelt es an diesen Voraussetzungen. Vor allem sind die Gruppen zu groß, und es wird zuwenig Fachpersonal dafür eingestellt. Deshalb ist eine gute Kindergartenarbeit vielerorts beeinträchtigt oder nur aufgrund eines hohen Engagements der dort arbeitenden Erzieherinnen oder durch regelmäßige Mitarbeit von Eltern möglich. Solche Belastungen sind auf die Dauer unzumutbar.

Zuwenig Personal in Kindergärten bedeutet: zuwenig Zuwendungsmöglichkeit gegenüber einzelnen Kindern, zuwenig aufmerksame Augen und Ohren für kindliche Bedürfnisse und Fragen, zuwenig Zeit für den Dialog mit den Eltern und keine Möglichkeit zur Arbeit mit Kleingruppen. Gerade davon lebt aber Kindergartenarbeit heute.

Zuwenig Personal bedeutet auch: Die Erzieherin kann notwendige Fortbildungsveranstaltungen nicht besuchen, muß sich bei jeder Unternehmung aus dem Kindergarten heraus um elterliche Mitarbeit bemühen oder arbeitet sogar dann, wenn sie eigentlich krank zu Hause bleiben sollte. Dann ist es nicht verwunderlich, wenn die Motivation weniger wird.

Oft haben Erzieherinnen nur unzureichende Vorbereitungszeit außerhalb der Öffnungszeiten des Kindergartens. Die Arbeit mit den Kindern erfordert jedoch ein hohes Maß an Vor- und Nachbereitung der täglichen Arbeit. Auch Teambesprechungen, Beratungen über einzelne Kinder, Elterngespräche und Elternabende sind wichtige Bestandteile der Kindergartenarbeit – und kosten Zeit. Auch sie wollen gründlich vorbereitet sein. Wo Eltern eine unzulängliche Kindergartenarbeit erleben, empfehlen wir ihnen deshalb auch, sich zuerst einmal zu erkundigen, unter welchen Bedingungen dort gearbeitet wird. Es gibt Möglichkeiten für Eltern, in solchen Situationen gemeinsam mit Erzieherinnen bei freien Trägern und Kommunen für bessere Bedingungen einzutreten (s. a. S. 183).

Kindergartenqualität – Checkliste für Sie

Ein paar Punkte, woran ein guter Kindergarten zu erkennen ist:

- Sie spüren, daß Kinder geachtet, verstanden und gemocht werden.
- Kinder dürfen selbst Initiative zeigen und erfahren darin Unterstützung.
- Es wird nicht über Kinderköpfe hinweg entschieden. Ideen und Vorschläge von Kindern werden ernst genommen und aufgegriffen. Kinder dürfen mitplanen, mitentscheiden und mitgestalten.
- Kinder werden nicht ängstlich von jeder Herausforderung ferngehalten. Im Gegenteil traut man ihnen angemessenes Geschick und Leistung zu. Und sie dürfen soviel wie möglich selbst tun.
- Den Kindern wird genügend Zeit und Raum zum Spielen zugestanden.
- Die Einrichtung macht nicht alles, was möglich ist, sondern läßt den Kindern die Möglichkeit, sich ausdauernd und intensiv ihren Interessen zuzuwenden.
- Im Kindergartenalltag bleibt noch genügend Raum für Spontaneität, für Feiern, für Nach-innen-Lauschen und für Staunen.
- Kinderbilder, Werk- und Bastelergebnisse gleichen nicht Massenproduktionen und Schablonenarbeiten, sondern zeigen Kreativität und individuellen Ausdruck.
- Im Kindergarten gibt es verschiedene Spielbereiche, in denen sich Kinder je nach Bedürfnis zurückziehen oder mit anderen zusammenschließen können.
- Der kindliche Drang nach Bewegung wird nicht nur in der wöchentlichen Turnstunde, sondern auch in Raumgestaltung und Tagesablauf berücksichtigt.
- Es gibt Plätze und Dinge zum Verweilen, zum Beobachten, zum Entdecken und Erforschen.
- Eltern sind willkommen. Der Dialog mit ihnen wird gesucht und gepflegt. Eltern können mitbestimmen und -gestalten.

Welcher Kindergarten ist der richtige?

(Egbert Haug-Zapp)

Wir möchten Ihnen hier die Aspekte beschreiben, die Sie bei der Auswahl eines Kindergartens berücksichtigen sollten.

Nähe zur Wohnung

Viele Familien melden ihr Kind ohne weitere Umstände in dem Kindergarten an, der ihrer Wohnung am nächsten liegt. Es sprechen in der Tat gute Gründe für diese Wahl:

- Die praktischen Vorteile liegen auf der Hand: Eltern ersparen sich Zeit und Kosten für den Transport, und dem Kind ersparen sie damit Streß.
- Das Kind kann sich den Weg zwischen Wohnung und Kindergarten allmählich selbst «erobern», das vermehrt seine Eigenständigkeit und ermöglicht ihm wichtige Erfahrungen, die es – auf einem Kindersitz festgeschnallt – kaum machen kann.
- Leicht lassen sich Freundschaften zu benachbarten Kindern beim gemeinsamen Weg zum Kindergarten schließen, und die Kinder können sich auch außerhalb des Kindergartens selbständig treffen.
- Eltern sind leichter in der Lage, sich zu nachbarschaftlicher Hilfe zu verabreden.
- Der große Schritt vom Kindergarten zur Schule läßt sich gemeinsam bewältigen.
- Die Kinder werden nicht nach sozialen oder kulturellen oder religiösen Gesichtspunkten «sortiert», sondern lernen im Kindergarten

zusammen zu leben; dies gilt auch für das wünschenswerte Miteinander von Kindern mit und Kindern ohne Behinderung.

Öffnungszeiten

Vor allem berufstätige und alleinerziehende Eltern müssen die Öffnungszeit zum entscheidenden Kriterium machen – und glücklicherweise ist die Zahl der Ganztagsplätze sprunghaft angestiegen. In wachsender Zahl werden auch unterschiedliche Betreuungszeiten (mit unterschiedlichen Kosten) angeboten. Auch Kindergärten müssen sich «kundenorientiert» verhalten – und sind zunehmend bereit dazu.

Mit eng gehaltenen Öffnungszeiten kann ein Kindergarten ganze Bevölkerungsgruppen ausschließen, sich etwa begrenzen auf Familien, in denen ein Elternteil für die Betreuung der Kinder zu Hause ist. Dies führt zu einer «Milieuverengung», die auf den ersten Blick angenehm wirken mag, auf die Dauer aber für alle Kinder auch negative Folgen hat.

Vielleicht ist auch der Kindergarten in der Nähe ihres Wohnortes bereit, auf entsprechende Wünsche zu reagieren, wenn dadurch weder Ihr Kind noch Erzieherinnen zeitlich überstrapaziert werden sollen. Nicht nur die Kindergärten und die Eltern, sondern auch die Arbeitgeber sollten durch flexible Arbeitszeitgestaltung einen Beitrag leisten, daß Kinder angemessen betreut werden können – das allerdings bleibt vielerorts noch Wunschdenken.

Viele Kindergärten mit ausgedehnten Öffnungszeiten unterscheiden zwischen Kernzeiten, in denen bei voller Personalbesetzung gezielte Angebote gemacht werden, und Früh- und Abholzeiten, in denen die Kinder weniger intensiv betreut werden. Ihr zeitlicher Rahmen und das Angebot des Kindergartens sollten zum Besten Ihres Kindes aufeinander abgestimmt sein.

Ein Telefonat, viel schöner als im Erwachsenenleben

Elternbeiträge

Zwar gibt es einen Rechtsanspruch auf einen Kindergartenplatz, aber keineswegs auf einen kostenlosen. Im Gegenteil: Die Finanzierungsprobleme der Kommunen, der Kirchen und der anderen Trägerverbände erzwingen Qualitätsverluste oder aber – da Zuwendungen von Sponsoren meist allenfalls begrenzt zu gewinnen sind – höhere Elternbeiträge. Dies ist nicht nur im Blick auf die ohnehin strapazierten Finanzen der Eltern bedauerlich.

- Betreuungsstandards werden aufgehoben, die Schere zwischen gut ausgestatteten, aber teureren Kindergärten und Billigangeboten tut sich auf;
- und dies führt, wie zu enge Öffnungszeiten, zur sozialen Entmischung der Familien.

Die Einführung der gestaffelten Elternbeiträge (s. a. S. 63 ff.) ist ein Versuch, dieses Problem sozial verträglich zu lösen. Rechtlich ist dieses

Vorgehen möglich. Viele Träger scheuen davor zurück, weil sie den hohen bürokratischen Aufwand, die Unmöglichkeit wirklicher Gerechtigkeit und das eventuelle Mißtrauen zwischen Eltern untereinander und zwischen Eltern und Einrichtung fürchten.

Eine Patentlösung scheint es nicht zu geben. Es braucht aber auf jeden Fall die offene Auseinandersetzung unter allen Beteiligten. Eltern mit geringem Einkommen sollten sich bei der Leiterin erkundigen, auf welchem Wege Anträge zur Erstattung der Kosten oder auf Reduktion des Beitrags gestellt werden können.

Elternbeteiligung – Checkliste für Sie

Nicht nur der von den Eltern erwartete finanzielle Beitrag ist in den einzelnen Einrichtungen unterschiedlich. Bevor Sie Ihr Kind in einer Einrichtung anmelden, sollten Sie sich folgende Fragen stellen:

1. Wie viele Rechte haben die Eltern bei der Formulierung der Konzeption, bei Personalentscheidungen, bei der Aufstellung des Budgets, bei der Festlegung von Schließungstagen, Ferienregelungen usw.?
2. Welche Rechte haben die gewählten Elternvertreter im Kindergartenausschuß, gibt es einen solchen überhaupt?
3. Dürfen die Eltern hospitieren, wenn sie dies wollen?
4. Werden sie über die pädagogischen Planungen informiert, können sie sich einmischen?
5. Und wie viele Pflichten haben die Eltern über die Bezahlung hinaus?
6. Wird ihre Anwesenheit in der Eingewöhnungszeit erwartet?
7. Sollen sie bei Ausflügen dabei sein, sich an Festvorbereitungen oder an der Renovierung der Einrichtung beteiligen?

Es ist sicher gut, wenn Sie sich ein möglichst klares Bild von den wechselseitigen Erwartungen verschaffen, um nicht enttäuscht oder überfordert zu werden.

Rahmenbedingungen

Die pädagogische Arbeit der Erzieherinnen ist das wichtigste Element für die Qualität einer Einrichtung (s. a. S. 30). Dennoch sollten Sie Rahmenbedingungen bei Ihrer Auswahl nicht vernachlässigen. Dazu gehören:

- Größe, Lage, Nutzbarkeit, Ästhetik des Gebäudes und der Außenanlagen.
- Größe und Ausstattung der Räume (teuer muß ja nicht immer gut und billig nicht gleich schlecht sein; gibt es Nebenräume, Begegnungs- und Rückzugsmöglichkeiten ...?).
- Größe der Kindergruppen im Verhältnis zur Zahl der Erzieherinnen und zum Raumangebot. (Es herrscht in Fachkreisen Einigkeit, daß die Regelgrößen, was die Kinder-Erzieherinnen-Relation und den Raumbedarf je Kind betrifft, unbefriedigend sind. Statt verbessert werden sie derzeit verschlechtert. Wachsender Elterndruck ist hier vonnöten.)

Trägerschaft

Mehrere Anläufe sind gescheitert, auch in Deutschland den Kindergarten – ähnlich wie die Schule – zu einem für alle Kinder einheitlichen Angebot des Staates zu machen. Sowohl nach Ende des Kaiserreiches wie nach dem Ende des Nationalsozialismus und nach dem Ende der DDR wurde gesetzlich verankert, daß die sogenannten freien Träger bevorzugt und mit finanzieller Unterstützung der öffentlichen Hände Kindergärten errichten und betreiben sollen. Erst wenn die freien Träger dem Bedarf nicht mehr gerecht werden, können und müssen die Kommunen selbst Kindergärten einrichten.

Aufgrund dieses «Subsidiaritätsprinzips» sind Kindergärten in Deutschland bis heute mehrheitlich in «freier Trägerschaft». Im Bundesdurchschnitt werden – bei großen regionalen Unterschieden – etwa 75% aller Einrichtungen von den sechs großen Wohlfahrtsverbänden getragen und dies in folgender Reihenfolge: Caritas (katholisch) etwa 540000 Plätze, Diakonie (evangelisch) etwa 400000 Plätze, Paritätischer Wohlfahrtsverband (vielfach Elternselbsthilfe-Einrichtungen) etwa 29000 Plätze, Arbeiterwohlfahrt etwa 24000 Plätze, Rotes Kreuz etwa 14000 Plätze, Wohlfahrtsverband der Juden etwa 300 Plätze. In den neuen Bundesländern sind auch die Volkssolidarität und die Humanistische Union Träger von Kindereinrichtungen.

Die Trägervielfalt hat bei manchen Nachteilen (etwa für eine regionale Gesamtplanung) durchaus Vorteile: Eine gesunde Konkurrenz führt zu pädagogischer Fortentwicklung und zu einer lebendigen Vielfalt. So wurden z. B. die fachliche Beratung der Einrichtungen und die Fortbildung für die Mitarbeiterinnen vor allem von den Trägerverbänden aufgebaut. Der Trägerpluralismus bietet auch eine gewisse Gewähr dafür, daß die Kindergärten nicht – wie im Dritten Reich geschehen – gleichgeschaltet und Kinder politisch manipuliert werden oder daß pädagogische Modebewegungen (wie etwa die Frühlesebewegung 1970) nicht administrativ durchgesetzt werden können. Die Vielfalt ermöglicht Eltern eine pädagogisch oder religiös begründete Auswahl der Einrichtung, der sie ihr Kind anvertrauen.

Was besagt die Zugehörigkeit zu einem Trägerverband?

Nun ist freilich die Zugehörigkeit zu einem Trägerverband allein kein pädagogischer Ausweis, denn es bestehen auch innerhalb der einzelnen Verbände große Unterschiede. Die allgemeine Kennzeichnung «städtisch», «katholisch», «evangelisch» usw. hat deshalb für die Wahl der Eltern eher an Bedeutung verloren. Dies hat gute Gründe:

- Die ganz überwiegende Mehrheit aller Einrichtungen sind für Kinder aller Religionen und Konfessionen offen. Dem entspricht überwiegend ein Klima der Toleranz, in dem unterschiedliche religiöse und kulturelle Überzeugungen respektiert werden. Sicherlich werden in der Regel konfessionelle Einrichtungen die religiösen Traditionen thematisieren und den Kindern im Sinne des Dialogs zwischen den Religionen diesen Lebensbereich erschließen, bei kommunalen Einrichtungen wird vielfach versucht, religiöse Fragen möglichst nicht zu berühren.

- Weil die konfessionellen Einrichtungen auch die religiöse Entwicklung der Kinder begleiten und fördern, wählen viele Eltern kirchliche Einrichtungen, nicht wenige gerade deshalb, weil sie sich selbst in Fragen der Religion und religiösen Erziehung unsicher fühlen. In einer gewissen Paradoxie führt deshalb das schwindende Interesse der Erwachsenen an den kirchlichen Angeboten gerade zu einem wachsenden Interesse, ihre Kinder in kirchliche Einrichtungen zu bringen.
- Elternselbsthilfeeinrichtungen bieten den Eltern einen engen Zusammenhang zwischen der Erziehung in der Familie und in der Einrichtung, oft entwickelt sich durch eine besonders intensive Elternmitarbeit ein enger Kontakt unter den Eltern. Die pädagogische Konzeption wird gemeinsam erarbeitet und umgesetzt.
- Über Unterschiede hinweg haben die Trägerverbände in einer gemeinsamen Erklärung die «situationsbezogene Pädagogik» (s. S. 74ff.) zu einer konsensfähigen gemeinsamen Basis erklärt. Es hat in den letzten Jahrzehnten ein Prozeß der grundsätzlichen sozialpädagogischen Annäherung stattgefunden. Dazu gehört, daß jede einzelne Einrichtung die Freiheit erhält, für ihre spezifische Situation die angemessene sozialpädagogische Konkretisierung zu finden. Die Vorstellung, es gäbe z. B. ein einheitliches Konzept für alle evangelischen oder alle katholischen Einrichtungen, ist zugunsten einer situationsorientierten Vielfalt weithin überwunden.
- Wesentlicher als die Zugehörigkeit zu einem Träger ist deshalb, wie in der Einrichtung Erzieherinnen, Eltern und Träger die jeweiligen sozial- und religionspädagogischen Überzeugungen realisieren. Ein evangelischer und ein katholischer Kindergarten können sich deshalb zum Beispiel ähnlicher sein als zwei evangelische.

Wann soll mein Kind in den Kindergarten?

(Anne Kettner-Grosbüsch)

Das mögliche Eintrittsalter

Die traditionellen Kindergärten nehmen Kinder in einer Altersmischung zwischen drei und sechs Jahren auf.

In den vergangenen Jahren entwickelten sich allerdings mancherorts Kindergartenformen mit einer größeren Altersmischung von eienem Jahr bis sechs Jahren oder sogar von einem Jahr bis zwölf Jahren (in sog. Familiengruppen). Einrichtungen mit solchen Gruppen arbeiten im Vergleich zum herkömmlichen Kindergarten mit kleineren Gruppen und mehr Betreuungspersonal.

Das mögliche Eintrittsalter in den Kindergarten hängt also derzeit von verschiedenen Faktoren ab:

ab welchem Alter in Ihrem Bundesland der Rechtsanspruch auf einen Kindergartenplatz besteht (s. S. 51 ff.);

ab wann im Kindergarten Ihrer Wahl oder in den Kindergärten Ihres Wohnumfelds Kinder aufgenommen werden können;

wann Ihr Kind Ihnen signalisiert, daß es aufgrund seines Entwicklungsstandes «reif» für den Kindergarten ist.

Zwischen Selbständigkeit und Abhängigkeit

Kinder im Alter von etwa drei Jahren befinden sich in einer bewegten Umbruchsituation. Vielleicht beobachten Sie, wie sich Ihr Kind z. B. auf dem Spielplatz immer weiter weg von Ihnen traut. Es spielt jetzt

Kindergarten: Sprung in die Selbständigkeit

oft so intensiv mit anderen Kindern, daß es sich lange nicht mehr nach Ihnen umschaut. Das ist die Zeit, in der Eltern, wenn sie mit dem Kind unterwegs sind, ständig auf der Hut sein müssen, daß es ihnen nicht davonläuft. Das Kind strebt weg vom vertrauten Erwachsenen, es will in der Stadt nicht mehr an der Hand gehen, es möchte seine eigenen Wege finden. Aber welch Unglück und Geschrei, wenn sich das Kind dann umsieht und Vater und Mutter auf einmal tatsächlich nicht mehr sieht: z. B. weil es im Gedränge des Kaufhauses die Eltern verloren hat.

Solche Momente sind für Dreijährige noch eine Katastrophe. Genauso vehement, wie sie von den Erwachsenen wegstreben, genausosehr brauchen sie noch die Sicherheit, daß da immer jemand ist, zu dem sie jederzeit zurückkehren können. Das Kind will selbständig sein, braucht dazu aber noch eine vertraute, verläßliche Umgebung. Diese Gegensätzlichkeit drückt sich in einem oft ambivalenten Verhalten des Kindes aus. Mal ist es schon groß, eigenständig und selbstbewußt, und dann ist es wieder ganz klein und will auf den Arm genommen werden.

Als Eltern sind wir oft erleichtert, daß das Kind nun nicht mehr so sehr unserer ständigen Bereitschaft und Hilfestellung bedarf. Je mehr es zeigt, was es schon beherrscht, um so mehr erwarten wir das nun auch konstant von ihm. Bis zu dieser Zeit lebte es meist in einem Schonraum, in dem es sich als kleines Kind entsprechend verhalten durfte. Nun soll es plötzlich auch mal warten können. Es soll zur Toilette gehen und nicht mehr in die Hose machen. Es soll mit Messer und Gabel essen. Es muß das Spielzeugauto dem kleinen, brüllenden Schwesterchen abgeben, weil dieses das unbedingt haben möchte und es ja selbst schon groß genug ist, um nachgeben zu können. Dann aber, wenn wir solches «vernünftiges» Verhalten von ihm erwarten, will es das manchmal partout nicht.

Eltern sprechen in dieser Zeit oft vom «Trotzalter», und das ist nichts anderes als ein Begriff der Erwachsenen für diese Ambivalenz. Das Kind will schon und kann aber noch nicht alles, wir wollen, daß es sich nicht mehr kleinkindhaft verhält, aber es macht das nicht immer mit.

In dieser Phase sollten wir uns davor hüten, das Kind auf einen Reifegrad bezüglich des Kindergarteneintritts festlegen zu wollen.

Wenn ein Kind zwei Wochen lang voll Freude in den Kindergarten gegangen ist, kann das so bleiben. Es ist aber auch möglich, daß es danach plötzlich morgens im Kindergarten beim Abschied von der Mutter weint und wieder mit nach Hause gehen will.

Oder ein Kind äußert immer wieder von sich aus, daß es nun endlich in den Kindergarten gehen will. Vielleicht kennt es ja auch schon Nachbarskinder dort. Wenn die Eltern nun aber mit ihm einen Anmeldebesuch machen, weicht es keinen Millimeter von deren Seite.

Oder das Kind hat immer wieder gesagt, daß es auf keinen Fall in den Kindergarten gehen wird. Nun schaut es sich trotzdem einmal die Einrichtung mit der Mutter an und vertieft sich dort ganz schnell ins Spiel mit anderen.

Solche Verhaltensweisen sagen nichts darüber aus, ob das Kind nun «kindergartenreif» ist oder nicht. Es ist einfach Ausdruck seiner Hin- und Hergerissenheit zwischen Eigenständigkeit und Abhängigkeit, und das ist diesem Alter völlig entsprechend. Lassen Sie Ihrem Kind die notwendige Zeit für den Ablösungsprozeß. Es gehört einfach zu dieser Entwicklungsphase, daß es mal ganz groß ist und dann wieder ganz klein.

Deutliche Signale

Das Kind signalisiert uns, wenn es «reif» ist, in den Kindergarten zu gehen. Es zeigt uns seine Selbständigkeit z. B. dadurch, daß es nicht mehr an der Hand gehen will. Es zeigt Interesse am Spiel mit anderen, und vor allem lebhaften Kindern scheint in diesem Alter die häusliche Umgebung überall zu eng zu werden. Für Eltern sind das unverkennbare Signale, daß es nun endlich regelmäßig unter andere Kinder kommen sollte.

Unterschiedliche Faktoren beeinflussen die Kindergartenreife

Alle bisherigen sozialen Erfahrungen des Kindes prägen seine Bereitschaft, den Kindergartenalltag mitzuleben. Kinder, die vorher eine Baby- oder Krabbelgruppe besucht haben oder bei einer Tagesmutter bzw. in einer Kinderkrippe betreut wurden, bringen natürlich andere Erfahrungen mit als ein Kind, für das der Kindergarten die erste stundenweise Trennung von den Eltern und die erste Gruppenerfahrung bedeutet. Ebenso spielt eine Rolle, ob das Kind bisher als Einzelkind oder unter Geschwistern aufwuchs.

Kinder im Alter von drei Jahren sind in der Regel in der Lage, sich stundenweise von den Eltern zu trennen und sich in einer Gruppe zurechtzufinden. Etliche von ihnen vollziehen diesen Schritt sogar schon vorher in einer Krabbelgruppe oder einer Kinderkrippe.

Den immer wieder heraufbeschworenen Argumenten über die Gefahr einer seelischen Schädigung des Kindes durch die frühe, stufenweise Trennung von der Mutter auch schon vor dem dritten Lebensjahr wird durch neue Untersuchungsergebnisse widersprochen. Sie weisen darauf hin, daß neben der Mutter-Kind-Beziehung und einer anregenden, erfahrungsreichen Umwelt auch die frühen sozialen Kontakte zum Vater und zu gleichaltrigen und älteren Kindern einen wesentlichen Einfluß auf die positive Entwicklung eines Kindes haben. Das Kleinkind braucht nicht rund um die Uhr die Mutter. Es braucht eine verläßliche, ihm liebevoll zugewandte Pflegeperson. Und das kann stundenweise auch eine Erzieherin oder ein Erzieher sein.

Die Diskussion um die Trennungsfähigkeit von Kleinkindern wird häufig durch politische Interessen erhitzt und auch verzerrt:

1. Wenn die Erkenntnis, daß auch Kleinstkinder sozialen Kontakt zu Gleichaltrigen brauchen, ernst genommen würde, dann hieße das ja auch, daß mehr Kindergartenplätze geschaffen werden müßten, vor allem auch für Kinder unter drei Jahren.

2. Die Tatsache, daß ein Kleinkind nicht immer die Mutter um sich braucht, ließe auch entsprechende Schlußfolgerungen – z. B. für eine frühe Rückkehr von Müttern in das Berufsleben – zu.

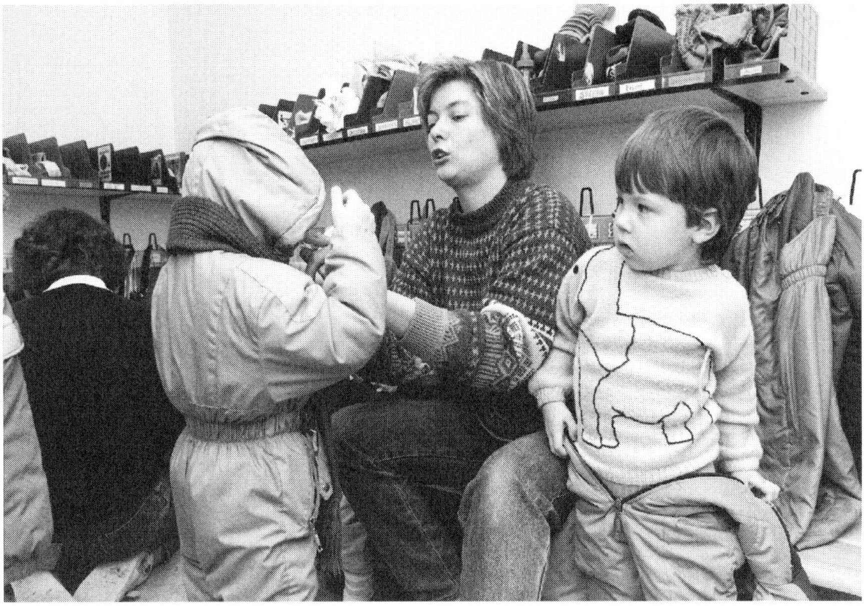

Noch muß die Erzieherin beim Anziehen helfen ...

3. Die Notwendigkeit, daß das Kind gleichzeitig noch eine intensive, pflegende und liebevolle Zuwendung eines Erwachsenen und eine überschaubare Umgebung braucht, würde bedeuten: Kinder in diesem Alter sind auf kleinere Gruppen angewiesen, als das in unseren Kindergärten üblich ist. Eine Konsequenz: Es müßte mehr Personal eingestellt werden, und damit wären höhere Kosten verbunden.

Geborgenheit und emotionale Beständigkeit sind unabdingbare Voraussetzungen, damit kleine Kinder ihr Bedürfnis nach sozialen Kontakten zu anderen Kindern ausleben können. Das heißt allerdings: Ein dreijähriges Kind sollte seine Erzieherin im Kindergarten nicht mit allzu vielen anderen Kindern teilen müssen. Höchstens 15 Kinder in einer Gruppe, lautet schon seit Jahren die Forderung von Fachgruppen, Eltern- und Erzieherinitiativen. Realität sind aber meist 20 bis 25 Kinder pro Gruppe, und mancherorts sogar noch mehr. Hier müßte die Überlegung «Ist das Kind kindergartenreif?» eigentlich umgedreht werden zu der Frage: «Ist dieser Kindergarten eigentlich reif für ein kleines Kind?»

Eltern sollten den Kindergartenbeginn für ihr Kind allerdings wegen schlechter Bedingungen nicht unnötig hinausschieben. Besser wäre es, sich bei den entsprechenden Trägern, kommunalen und kirchlichen Gemeinden, Jugendämtern, Stadtverwaltungen, Parteien und Sozialausschüssen für eine Verbesserung einzusetzen.

Muß das Kind sauber sein?

Diese Frage erübrigt sich, seit es den gesetzlichen Rechtsanspruch auf den Kindergartenplatz gibt. Ist ein Kind beim Eintritt in den Kindergarten noch nicht sauber, muß sich der Kindergarten eben auf diese Situation einstellen.

Doch auch wenn die meisten Kinder mit drei Jahren keine Windeln mehr brauchen, ist diese Fähigkeit Schwankungen unterworfen. Gerade wenn ein Kind neuen, ungewohnten Situationen ausgesetzt ist, kann es passieren, daß es z. B. vor lauter Spielen ganz vergißt, auf die Toilette zu gehen. Genauso kann man beobachten, wie sehr sich seelische Eindrücke auf das Sauberwerden von Kindern auswirken. Familiäre Spannungen oder Veränderungen, z. B. die Geburt eines Geschwisterchens, können dazu beitragen, daß das Kind jetzt eben doch noch nicht ständig «groß» sein will.

Der Prozeß des Sauberwerdens ist in der kindlichen Entwicklung eine besonders sensible Phase, die mit prägenden Erfahrungen verbunden ist. Kinder brauchen in dieser Zeit verständnisvolle und nicht drängende Erwachsene. Diese finden sie nur in Kindergärten, in denen sie die Betreuungspersonen nicht mit zu vielen Kindern teilen müssen. Deshalb empfiehlt es sich für Eltern immer noch, im jeweiligen Kindergarten nachzufragen, wie dort auf diese Situation eingegangen wird – und auch dieses Kriterium bei der Wahl des richtigen Zeitpunkts für den Kindergarteneintritt miteinzubeziehen.

Ich habe das Recht auf einen Kindergartenplatz

(Gottfried Bichsel / Thomas Mörsberger)

Im Jahre 1995 hat der Gesetzgeber beschlossen, daß jedes Kind ab dem dritten Lebensjahr bis zum Schuleintritt einen Anspruch auf einen Kindergartenplatz hat. Geregelt ist dieser Anspruch im Kinder- und Jugendhilfegesetz (Sozialgesetzbuch VIII, Kinder- und Jugendhilfegesetz, abgekürzt: SGB VIII/KJHG). Traditionell liegt in Deutschland die Regelungskompetenz für den Bereich des Kindergartens, was Detailfragen angeht, aber bei den Bundesländern. Deshalb sind auch die konkreteren Vorgaben im Zusammenhang mit der Umsetzung des Rechtsanspruches Ländersache, also im Hinblick auf das Personal, auf die Gruppengrößen, Räumlichkeiten oder auch die Finanzierungsmöglichkeiten. Aber auch das Landesrecht läßt Spielräume, die der einzelne Träger des Kindergartens selbst füllen kann und muß.

Die rechtlichen Zusammenhänge sind für denjenigen, der sich nicht tagtäglich damit befaßt, recht kompliziert. Möchte man genauere Informationen, empfiehlt es sich, deshalb direkt bei einem Kindergarten oder einem Trägerverband danach zu fragen. Dort erfährt man, welche Bereiche genau geregelt sind, in welchen Zusammenhängen Varianten möglich sind und wer jeweils für konkrete Entscheidungen zuständig ist.

Wenn es z. B. um Öffnungszeiten oder Elternbeiträge geht, wird der Kindergarten Sie an den Träger der Einrichtung verweisen. Bezüglich bundes- und landesrechtlicher Fragen oder wenn Sie vergleichen wollen, wie bestimmte Sachverhalte in der Gemeinde, im größeren Umkreis oder auf Landesebene geregelt sind, wird die Leiterin des Kindergartens Sie an die zuständige Fachberatung, das Jugendamt oder das Landesjugendamt verweisen. Allerdings ist die Kenntnis der rechtlichen Grundlagen nur die eine Seite der Medaille. Als Bürger und Bürgerin Ihrer Gemeinde oder Ihres Landes und als Wähler haben Sie die Möglichkeit, Vorgaben, die gesetzlich nicht bzw. noch nicht festgelegt sind und deshalb Entscheidungsspielräume eröffnen, politisch zu beeinflussen. Die Eltern sind nach Bundesrecht (§ 22 SGB VIII / KJHG) in wesentlichen Angelegenheiten an den Entscheidungen im Kindergarten zu beteiligen. Dafür gibt es Gremien, in denen Elternvertreter Einfluß nehmen können (s. a. S. 178 ff.).

Wie es zum Rechtsanspruch kam

Um Erwerbstätigkeit und Familienarbeit vereinbaren zu können, sind Eltern auf Kinderkrippen, Kindergärten und Horte (Kindertageseinrichtungen) angewiesen. Es gehört mittlerweile nicht nur in Fachkreisen zum Standardwissen, sondern kann als gesellschaftlicher Konsens gelten, daß Kinder in den einzelnen Lebensphasen – in unterschiedlichem Ausmaß und je nach familiärer Situation – solche Einrichtungen brauchen. Sie treffen dort außerhalb des Elternhauses auf andere Kinder und eine anregende Umwelt, um sich zu eigenverantwortlichen und gemeinschaftsfähigen Persönlichkeiten weiterentwickeln zu können. Auf diese Zusammenhänge reagierte der Bundestag in der Diskussion im Zusammenhang mit der Änderung des Schwangeren- und Familienhilfegesetzes. Das Bundesverfassungsgericht hatte den Gesetzgeber beauftragt, die Situation für Familien mit Kindern zu verbessern. Es sei «Aufgabe des Staates, in erster Linie sozial- und fürsorgerische Mittel zur Sicherung des werdenden Lebens einzusetzen» (Süddeutsche Zeitung vom 11. 12. 1995). Eine der Konsequenzen des Gesetzgebers war der Rechtsanspruch auf einen Kindergartenplatz: «Ein Kind hat vom vollendeten dritten Lebensjahr an bis zum Schuleintritt Anspruch auf den Besuch eines Kindergartens» (§ 24 SGB VIII / KJHG).

In der Diskussion zum Rechtsanspruch wurde auch immer wieder darauf hingewiesen, daß durch eine ausreichende Infrastruktur im Be-

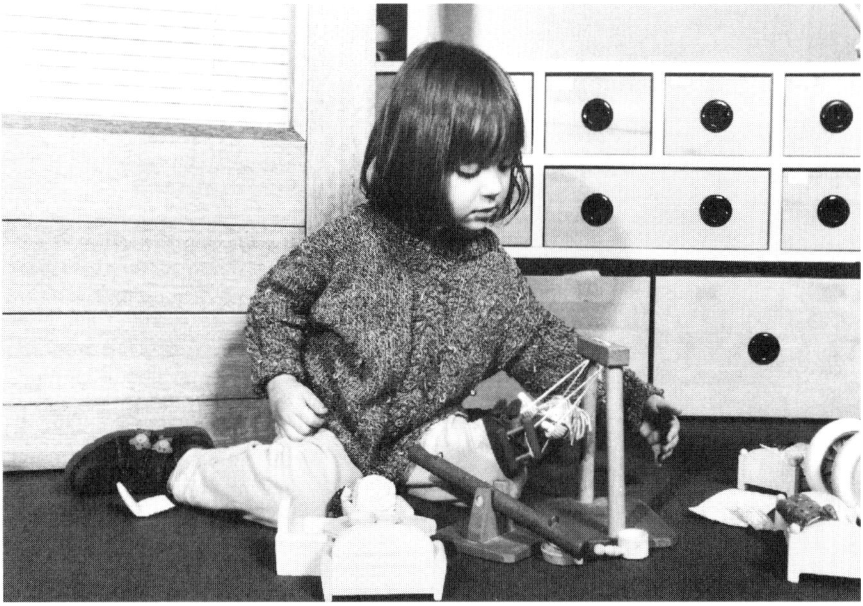

Jedes Kind hat das Recht auf einen Kindergartenplatz

reich der Kinderbetreuung eine wesentliche Voraussetzung dafür geschaffen würde, insbesondere Frauen die Vereinbarkeit von Berufstätigkeit und Familienerziehung zu ermöglichen. Damit würde eine Vielzahl von Konflikten vermieden, nicht zuletzt mögliche Schwangerschaftsabbrüche.

Die Bedürfnisse der Eltern

Da der Rechtsanspruch nur für Kinder im Alter von 3–6 Jahren gilt und die Träger der Jugendhilfe lediglich dazu angehalten – aber nicht verpflichtet – sind, Plätze für jüngere oder ältere Kinder einzurichten, bleibt allerdings die Frage, ob das Recht auf einen Kindergartenplatz die Lebensverhältnisse von Familien tatsächlich so entscheidend verbessert, daß sich Eltern grundsätzlich und insbesondere in Konfliktlagen für Kinder entscheiden. Denn gerade im letzteren Fall genügt ein Kindergartenplatz nicht, der womöglich nur halbtags zur Verfügung steht. Berufstätige Eltern und alleinerziehende Mütter und Väter benötigen darüber hinaus für ihre Kinder Ganztagsplätze in Kindergärten, sie brauchen Plätze in Kindertageseinrichtungen für Kinder unter drei Jahren und über sechs Jahren, also ein flexibles und bedarfsgerechtes Angebot, das auf die Bedürfnisse der Familien zugeschnitten ist. Die jetzige Ausgestaltung des Rechtsanspruches geht von einem Familienbild aus, das in der Realität so nicht mehr als «Normalfall» existiert: Demzufolge bleiben die Mütter bis zum dritten Lebensjahr der Kinder zu Hause. Sie nehmen ihre Berufstätigkeit wieder auf, wenn das Kind einen Kindergartenplatz hat.

Die Kosten, die in den letzten Jahren zur Umsetzung des Rechtsanspruches für die fehlenden 600000 *Kindergarten*plätze aufzubringen waren, werden nach offiziellen Schätzungen bundesweit auf ca. 20 Milliarden DM beziffert. Gerade diese erheblichen finanziellen Anstrengungen haben dazu geführt, daß die vielfach benötigten *Ganztagseinrichtungen, Kinderkrippen und Horte* nicht überall und im notwendigen Ausmaß geschaffen worden sind, um Familien gerade in Konfliktlagen ausreichend unterstützen zu können. Eine Zahl soll diese ungleiche Verteilung zwischen Betreuung von Kindern im Kindergartenalter und kleineren Kindern verdeutlichen: Das Netzwerk Kinderbetreuung der Europäischen Kommission empfahl bereits 1996 seinen Mitgliedsländern in einem zehnjährigen Aktionsprogramm, für mindestens 15% der Kinder unter drei Jahren in öffentlich bezuschußten Einrichtungen Vollzeitplätze anzubieten. In einigen westlichen Bundesländern Deutschlands sind aber gerade für 1% bis 5% dieser Altersstufe Plätze vorhanden.

Die Qualitätsfrage

Weil der Rechtsanspruch fast ausschließlich unter familienpolitischen Gesichtspunkten diskutiert und durchgesetzt wurde, stand die Frage der Qualität der Einrichtungen nicht im Vordergrund. Das Kinder- und Jugendhilfegesetz fordert ein, daß sich das Leistungsangebot der Tageseinrichtungen pädagogisch und organisatorisch auch an den Bedürfnissen der Kinder (§ 22 SGB VIII / KJHG) orientieren sollte. Gerade die Umsetzung des Rechtsanspruches hat dazu geführt, daß die Analyse und Diskussion der konkreten Situation von Kindern in Einrichtungen außerhalb der fachpolitischen Kreise unterblieb und die Rahmenbedingungen der Einrichtung nicht verbessert wurden. Hauptaufgabe war die Schaffung von neuen Kindergartenplätzen, in deren quantitativen Ausbau von den Gemeinden und Ländern sehr viel Geld investiert wurde.

Doch für Kinder kommt es nicht darauf an, irgendeinen Platz in einem Kindergarten zu bekommen. Vielmehr spielt für sie eine Rolle, ob sie in den Einrichtungen eine Atmosphäre antreffen, in der sie akzeptiert und beachtet werden. Es braucht eine Erzieherin, die Zeit hat, wenn irgendwo der Schuh drückt, und eine anregende Umgebung und Atmosphäre, in der das Kind spielen und seine Fähigkeiten weiterentwickeln kann. Und Kinder möchten eine Einrichtung, in der es genügend Platz und Raum gibt für Bewegung, Rückzug und gemeinsames Spiel mit anderen Kindern.

Auch Sie als Eltern wünschen sich eine Einrichtung, in der Sie Ihre Kinder während Ihrer Abwesenheit «gut aufgehoben» wissen. Sie wollen eine Einrichtung, in der Ihre Kinder gefördert und ernst genommen werden. Und Sie begrüßen eine gute Zusammenarbeit mit dem Träger und dem Personal des Kindergartens, die Ihnen bei der Entscheidung über wesentliche Fragen auch die notwendige und gesetzlich zugesicherte Beteiligung (§ 22 SGB VIII / KJHG) einräumen (s. a. S. 143 ff.). Diese Erwartungen werden nicht überall erfüllt. Im Gegenteil – verstärkt durch den Sparzwang der öffentlichen Haushalte wurden die personellen und räumlichen Voraussetzungen, also die Mindeststandards der Einrichtungen, im besten Fall gehalten, teilweise aber verschlechtert, z. B. durch die (übergangsweise) Aufstockung der Gruppengrößen, durch Einsparung von Fachkräften und Einstellung von nicht ausreichend qualifiziertem Personal.

In einzelnen Stadtteilen, Gemeinden oder Regionen gehen inzwischen die Kinderzahlen zurück. Die Statistiker rechnen in den nächsten Jahren mit einem generellen Rückgang der Kinderzahlen. Dies bietet die Chance, ein bedarfsgerechtes Angebot zu schaffen, wie es im Kinder- und Jugendhilfegesetz gefordert wird. Neben Kindergartenplätzen kann dann das Angebot für die unter Dreijährigen und für die über Sechsjährigen ausgeweitet werden und Ganztagsplätze in allen Bereichen der Tagesbetreuung geschaffen werden. Und Träger, Eltern und Personal können sich Gedanken machen, wie die Bedingungen (z. B. Personal, Räume, pädagogische Konzeption, Vernetzung) in den Einrichtungen qualitativ verbessert werden können. Eltern sollten eine solche Diskussion vor Ort anstoßen. Sie sind Betroffene und als Bürgerinnen und Bürger aufgefordert, für ihre Kinder in der Familie und in den Städten und Gemeinden positive Lebensbedingungen sowie eine kinderfreundliche Umwelt (vgl. § 1 SGB VIII / KJHG) mitzugestalten und von der Jugendhilfe und deren Trägern einzufordern.

Länge der Betreuungszeit

Nach dem Gesetzestext hat ein Kind vom vollendeten dritten Lebensjahr an bis zum Schuleintritt Anspruch auf Besuch des Kindergartens (§ 24 SGB VIII / KJHG). Allerdings gibt es keine bundeseinheitliche Definition dessen, was ein Kindergarten ist. Aufgrund verschiedener Definitionen und Finanzierungsregelungen haben sich unter dem Begriff in den einzelnen Bundesländern sehr unterschiedliche Einrichtungsformen entwickelt, die sich auch hinsichtlich ihrer Ausstattung an Personen, Räumen und hinsichtlich der Gruppengrößen unterscheiden. Es gibt den Kindergarten, der halbtags, entweder am Vor- oder Nachmittag, geöffnet ist, den Kindergarten, der mit Schließung über Mittag vor- und nachmittags Kinder betreut und den Kindergarten, der den ganzen Tag über geöffnet bleibt. Der Gesetzgeber ist bei der Festlegung des Rechtsanspruches davon ausgegangen, daß Vater oder Mutter eines Kindergartenkindes mindestens einer Halbtagsbeschäftigung nachgehen können. Deshalb ist der Halbtagskindergarten auch als Minimum anzusehen, unbeschadet ähnlicher oder weitergehender Regelungen in einzelnen Bundesländern. In Niedersachsen haben Kinder nach dem dortigen Kindergartengesetz einen Rechtsanspruch, der sich zumindest auf einen Platz in einer Vormittagsgruppe eines Kindergartens richtet (Verwaltungsgericht Hannover vom 12. 7. 1996, Az 9B 3364/96, S. 9). In Hamburg legt das Kindergartenfördergesetz die Mindestzeit auf vier Stunden täglich fest. Andere Länder wie Baden-Württemberg haben hierzu keine Aussagen gemacht, Hessen empfiehlt durch das zuständige Ministerium, den Rechtsanspruch zumindest durch einen Halbtagsplatz zu erfüllen. In allen ostdeutschen Bundesländern brauchen sich Eltern um diese Frage deshalb den Kopf nicht zu zerbrechen, weil es dort eine derzeitige Versorgungsrate von annähernd 100 Prozent gibt.

Alter

Der Rechtsanspruch nach dem SGB VIII/KJHG bezieht sich auf Kindergartenkinder, also auf Kinder im Alter von drei Jahren bis zum Schuleintritt. In den meisten westlichen Bundesländern beziehen die landesrechtlichen Regelungen den Rechtsanspruch – ausdrücklich oder mit Verweis auf Bundesrecht – auf diese Altersstufe. Andere Altersgruppen werden nur dann berücksichtigt, wenn für die Drei- bis Sechsjährigen genügend Kindergartenplätze zur Verfügung stehten.

In den neuen Bundesländern sieht das anders aus. In Brandenburg und Sachsen-Anhalt z. B. steht aufgrund der dortigen Kindertagesstättengesetze der Rechtsanspruch auf einen Platz in einer Tageseinrichtung (und in einer Tagespflegestelle) allen Kindern bis Ende des Grundschulalters zu, d. h. bis zur 6. Klasse. Dort gibt es kaum noch Einrichtungen, in denen lediglich Kinder einer Altersgruppe wie Krippen- oder Kindergartenkinder betreut werden. In Sachsen bekommen alle Kinder im Kindergartenalter und nahezu alle Kinder unter drei und über sechs Jahren einen Platz in einer Kindertageseinrichtung. Auf solche weitgehenden landesrechtlichen Regelungen, die für die meisten neuen Bundesländer gelten, müssen Eltern in den alten Ländern wohl noch warten.

Auch die Dreijährigen fühlen sich im Kindergarten wohl

Weil in vielen Fällen ein Kindergartenplatz nicht ausreicht und Familien mit Kindern unter drei Jahren und über sechs Jahren gleichfalls einen Platz in einer Kindertageseinrichtung brauchen, und zwar ganztags, hat der Gesetzgeber der Jugendhilfe angetragen, auch für die genannten Altersgruppen und für Ganztagseinrichtungen aller Altersstufen (Kindergarten, Krippe, Hort) ein bedarfsgerechtes Angebot zu schaffen. Allerdings ist der Verpflichtungsgrad im Vergleich zum Rechtsanspruch auf einen Kindergartenplatz erheblich geringer. Er ist nicht einklagbar und stellt eine Art politischer Verpflichtung oder Zielformulierung dar. In Hamburg z. B. wurde zumindest diese Option aufgegriffen. Dort gilt nach den landesrechtlichen Regelungen der Rechtsanspruch für die drei- bis sechsjährigen Kinder. Für die anderen Altersgruppen gibt es im Sinne der bundesgesetzlichen Zielformulierungen für die Planer konkretere Vorgaben. So soll bei der Planung von Kindertageseinrichtungen in Hamburg der Versorgungsgrad für Hortkinder (6–14 Jahren) bei 20% liegen, für Krippenkinder (1 bis 3

Jahre) bei 25%. In den neuen Ländern können Eltern in der Regel davon ausgehen, daß sie einen Krippen- und Hortplatz bekommen, weil dort insgesamt in den Kindertageseinrichtungen ausreichend Plätze zur Verfügung stehen.

Die Kluft zwischen West und Ost ist deutlich. Mit der Beschränkung des (einklagbaren) Rechtsanspruches durch den Bundestag auf den klassischen Kindergarten setzt sich eine im Westen traditionell skeptische Einstellung gegenüber der Tagesbetreuung für unter Drei- und über Sechsjährige fort. Da hilft in vielen Fällen auch die Verpflichtung des Trägers der öffentlichen Jugendhilfe nicht, im Einzelfall ein bedarfsgerechtes Angebot an Tagespflegeplätzen zu schaffen, sofern es für das Wohl des Kindes erforderlich ist.

Wie die genauen landesrechtlichen Regelungen bei Ihnen aussehen, darüber informieren Sie der Kindergarten in Ihrer Nähe, dessen Elternvertretung, die Gemeinde- oder Stadtverwaltung oder das zuständige Jugend- oder Landesjugendamt.

Zuständige Stellen

Der Rechtsanspruch auf einen Kindergartenplatz (§ 24 Abs. 1 SGB VIII / KJHG) ist ein sog. unmittelbares subjektives öffentliches Recht und kann vor Gericht eingeklagt werden. Den Anspruch haben im übrigen die Kinder selbst (Wiesner-Struck 1995, § 24 Rdnr. 9). Sie als Eltern können allerdings in deren Auftrag den Anspruch einfordern.

Nur in Bayern gehen in diesem Punkt die Uhren anders: Dort werden Kindergärten als vorschulische Einrichtungen betrachtet, die der Erziehung und Bildung der Kinder dienen. Deshalb sind sie dem Kultusbereich zugeordnet, der bekanntermaßen Ländersache ist. Wegen dieser anderen Zuständigkeit besteht dort nach offizieller Lesart kein formal-rechtlicher Anspruch auf einen Kindergartenplatz. Das – paradoxerweise – zuständige Sozialministerium sieht sich allerdings trotzdem in der Pflicht, allen Kindern im Kindergartenalter einen Kindergartenplatz zur Verfügung zu stellen (vgl. SZ v. 2. 8. 1996).

Wer für sein Kind keinen Platz im Kindergarten erhält, muß manchmal mühsam suchen, bis er den für den Rechtsanspruch Verantwortlichen findet. Während in einem Bundesland die Gemeinde oder die Stadt, in der die Familie lebt, dafür zuständig ist, verweisen andere im Streitfall die Eltern an die Kreis- oder Stadtjugendämter. Weshalb diese Unterschiede? Nach § 24 Abs. 2 SGB VIII / KJHG haben die «Träger der öffentlichen Jugendhilfe» dafür zu sorgen, daß der Rechtsanspruch erfüllt wird. Verantwortlich sind danach also die Jugendämter und die kreisfreien Gemeinden, sie sind die Träger der öffentlichen Jugendhilfe. Allerdings gibt es Bundesländer, in denen durch gesetzliche Regelungen oder Vereinbarungen die Gemeinden in einzelnen Landkreisen für die Erfüllung des Rechtsanspruches zuständig sind. So kann z. B. in Niedersachsen durch das dortige Kindergartengesetz die Förderung von Kindern in Tageseinrichtungen von den Gemeinden übernommen werden und durch entsprechende Vereinbarungen zwischen dem Kreisjugendamt (örtlicher Träger) und der Gemeinde festgelegt werden. (Verwaltungsgericht Hannover vom 12. 7. 1996, Az. 9 B 3364 / 96, S. 10). Auch in Thüringen ist die Wohnsitzgemeinde aufgrund landesrechtlicher Regelungen für die Erfüllung des Rechtsanspruches zuständig.

Freie Träger schaffen Kindergartenplätze aufgrund ihres Rechtes, auf diesem Gebiet tätig zu werden, sind aber nicht zur Schaffung von Kindergartenplätzen verpflichtet. Deshalb sind nicht sie, sondern die Gemeinden, die Stadt- oder Kreisjugendämter je nach landesspezifischer Regelung die Ansprechpartner, wenn Kindergartenplätze fehlen. Gegen sie richtet sich im Streitfall auch der Anspruch der Kinder auf einen Kindergartenplatz.

Falls es für Ihr Kind keinen Kindergartenplatz gibt und Sie den Verantwortlichen suchen: Ansprechpartner sind die Leiterinnen der Kindergärten, die Elternvertreterinnen und Elternvertreter, die zuständigen Personen in der Stadt-, Gemeinde- oder Kreisverwaltung oder beim Landesjugendamt ihres Bundeslandes oder Landkreises.

Behinderte Kinder

Selbstverständlich gilt der Rechtsanspruch auch für behinderte Kinder. In der Praxis ist es so, daß der Rechtsanspruch sowohl im Sonderkindergarten wie auch im Kindergarten erfüllt werden kann.

In einigen Bundesländern gibt es landesrechtliche Regelungen, z. B. in Thüringen (§ 23 Abs. 3 und § 25 Abs. 5 Gesetz über Tageseinrichtungen für Kinder Thüringen) zur gemeinsamen Betreuung von behinderten und nichtbehinderten Kindern in Tageseinrichtungen. Seit 1. 1. 99 wird auch in Baden-Württemberg die gemeinsame Betreuung dieser Kinder durch Landeszuschüsse gefördert. Oder es gibt dazu Richtlinien oder Rahmenvereinbarungen des überörtlichen Sozialhilfeträgers (z. B. in Hessen der Landeswohlfahrtsverband und in Nordrhein-Westfalen der Landschaftsverband Westfalen-Lippe und der Landschaftsverband Rheinland).

Auskünfte über Kindergartenplätze für behinderte Kinder erhalten Sie im Kindergarten, bei der Gemeinde- / Stadtverwaltung sowie dem Jugendamt, aber auch bei den Gesundheitsämtern und den entsprechenden (Früh-)Beratungsstellen.

Ausländische Kinder

Nach § 2 Abs. 2 SGB VIII / KJHG ist das Angebot zur Förderung von Kindern in Tageseinrichtungen eine Leistung der Jugendhilfe. Diese wird Kindern und Jugendlichen gewährt, die ihren tatsächlichen Aufenthalt in Deutschland haben. Entscheidend ist also nicht mehr wie früher die deutsche Staatsangehörigkeit. Ausländische Kinder erhalten diese Leistungen, wenn sie «rechtmäßig oder aufgrund einer ausländerrechtlichen Duldung ihren gewöhnlichen Aufenthalt im Inland» (§ 6 SGB VIII / KJHG) haben. Damit haben nicht nur deutsche Kinder ein Recht auf einen Kindergartenplatz, sondern alle, die tatsächlich hier leben.

Diese Familien müssen sich schon eine gewisse Zeit in Deutschland aufhalten, und der Aufenthalt wird fortgesetzt. Die Rechtsprechung hat den Begriff der «Dauer» noch nicht festgelegt, Fachleute gehen jedoch davon aus, daß ein Jahr Aufenthaltsdauer das Minimum ist.

Wenn ausländische Kinder einen Kindergarten besuchen, kann aber sehr wohl auch eine kürzere, weniger als einjährige Aufenthaltsdauer die Inanspruchnahme eines Kindergartenplatzes sinnvoll und begründbar machen. Denn einerseits brauchen Kinder im Kindergartenalter den Kontakt zu Gleichaltrigen aus dem sozialen Umfeld. Zum anderen werden die Fördereffekte des Kindergartens hinsichtlich der Entwicklung der Kinder schon nach kurzer Zeit wirksam. Die Frage bleibt umstritten. Doch die Bestimmungen zum Geltungsbereich des SGB VIII / KJHG schließen im Rahmen pflichtgemäßen Ermessens (wie es juristisch heißt) *nicht* aus, daß auch Kinder mit einer geringeren Aufenthaltsdauer einen Kindergartenplatz bekommen könnten. Die Träger von Einrichtungen haben in diesen und ähnlichen Fällen einen Entscheidungsspielraum, den sie selbst ausgestalten können.

Diese Regelung gilt im übrigen auch für Kinder von Asylbewerbern. Nach der geltenden Rechtssprechung haben Asylbewerber und deren Kinder in der Regel den gewöhnlichen Aufenthalt nicht im Inland, solange nicht rechtskräftig über ihren Antrag entschieden ist. Diese Kinder haben also erst dann einen Rechtsanspruch, wenn dem Asylantrag entsprochen wurde oder im Fall einer Ablehnung des Antrages keine Abschiebung droht.

Freie Wahl?

Die Kindergartenlandschaft ist vielfältig. Es gibt konfessionelle Einrichtungen, Elterninitiativen und Kindergärten von Städten und Gemeinden wie auch gewerblich betriebene. Kindergärten arbeiten nach verschiedenen pädagogischen Konzeptionen (z. B. Situationsansatz, Waldorf- und Montessoripädagogik, s. a. S. 66 ff.). Damit haben die Eltern Wahlmöglichkeiten. Manchmal sind es auch ganz praktische

Das Recht auf einen Kindergartenplatz gilt für Kinder aller Nationalitäten

Gründe, warum Eltern einen Platz in einer bestimmten Einrichtung wollen. Etwa weil der Kindergarten in der Nähe des Arbeitsplatzes liegt oder weil die Geschwister eines Kindes schon dort sind. Der Rechtsanspruch bezieht sich ganz allgemein auf einen Kindergartenplatz (§ 24 SGB VIII / KJHG). Dort wird also keine Aussage dazu gemacht, inwieweit Eltern zwischen verschiedenen Kindergärten wählen können. Allerdings haben Eltern nach dem Kinder- und Jugendhilfegesetz «das Recht, zwischen Einrichtungen ... verschiedener Träger zu wählen. Der Wahl soll entsprochen werden, sofern dies nicht mit unverhältnismäßigen Mehrkosten verbunden ist» (§ 5 SGB VIII / KJHG).

Was «unverhältnismäßig» bedeutet, ist jeweils im Einzelfall zu klären. Wenn allerdings in einem kommunalen Kindergarten eine neue Gruppe eingerichtet werden müßte, weil zwei Familien für ihre Kinder zwar einen bedarfsgerechten und wohnortnahen Platz im konfessionellen Kindergarten haben, aber mit dessen religiöser Erziehung nicht einverstanden sind, so dürfte dies in die Rubrik «unverhältnismäßige Mehrkosten» zu verbuchen sein. Eltern bleibt in diesem Fall nichts anderes übrig, als auf einen freien Platz in der kommunalen Einrichtung zu warten und für die Zwischenzeit mit dem Träger und dem Personal der konfessionellen Einrichtung über die weltanschaulichen Meinungsunterschiede und daraus resultierende Konflikte für ihr Kind zu sprechen. Sie können dabei nicht verlangen, daß z. B. die im konfessionellen Kindergarten üblichen Tischgebete unterbleiben. Der kirchliche Träger hat das Recht, seine pädagogische Konzeption in seinem Kindergarten umzusetzen. Andererseits kann kein Kind zur Teilnahme am Gebet verpflichtet werden. Das Kindertagesstättengesetz von Brandenburg fordert für solche Fälle einen Minderheitenschutz ein: «Bei Bedarf müssen Einrichtungen für alle Kinder unabhängig von ihrem religiösen und weltanschaulichen Hintergrund offenstehen, und sie sind zu Toleranz und Respekt der unterschiedlichen religiösen und weltanschaulichen Einstellungen der Kinder und Eltern verpflichtet, insbesondere dann, wenn nur eine Kindertagesstätte in erreichbarer Nähe ist.» (§ 12 Abs. 4 Kindertagesstättengesetz Brandenburg). In solchen Situationen sind also demokratische Einstellungen und die entsprechende Pädagogik gefragt, um im Sinne des Wohls der Kinder für beide Seiten akzeptable Lösungsansätze zu finden. Für Eltern können solche Situationen auch Anlaß sein, insbesondere in größeren Gemeinden mit einseitigen Trägerstrukturen in den politischen Gremien ein vielfältiges Trägerangebot zu fordern.

Kein überzeugendes Konzept zur Realisierung der vom Gesetzgeber gewünschten Träger- und Angebotsvielfalt im Kindergartenbereich ist es, wenn das Wahlrecht in Einzelfällen unter Berufung auf die Überbelegung von Gruppen «kostenneutral» umgesetzt wird. Damit wird das Wahlrecht ausgehöhlt, das vorschreibt, das Kind als Subjekt bei der Auswahl und Inanspruchnahme von Leistungen in den Mittelpunkt zu stellen. In diesem Sinne hat das Oberverwaltungsgericht des Saarlandes (AZ: III 464–13) geraten, Gruppen nicht zu vergrößern, «wenn der Bedarf in zumutbarer Weise durch freie Plätze in auswärtigen Kindergärten gedeckt werden kann».

In der Literatur wird zum anderen auf das Kriterium hingewiesen, daß der Wunsch der Eltern nach einem bestimmten Kindergartenplatz dann beachtet werden muß, wenn er angemessen (§ 33 SGB I) ist. Träger wären danach gehalten, bei Anfragen von Eltern deren individuelle Situation und persönliche Umstände unter Berücksichtigung der örtlichen Verhältnisse zu prüfen.

Nach Auffassung einiger Kommentatoren können Eltern nicht nur zwischen Einrichtungen verschiedener Träger wählen, sondern das Wunsch- und Wahlrecht beziehe sich darüber hinaus auf die gesamten vorhandenen Angebote in der Jugendhilfe, im Kindergartenbereich somit auch auf Einrichtungen mit unterschiedlichen Konzeptionen. Eltern, die einen Platz in einer Einrichtung mit einer bestimmten pädagogischen Konzeption möchten (wie z. B. Waldorf- oder Montessori-Kindergarten), könnten sich auf letztere Auslegung berufen.

Wünsche nach einer bestimmten Konzeption oder z. B. nach einem Kindergartenplatz in der Nähe der Arbeitsstelle oder in dem Kindergarten, in dem die Geschwisterkinder schon sind, wird ein Träger genauso unter den Gesichtspunkten der Angemessenheit (persönliche Umstände, individuelle Situation) und vor allem der unverhältnismäßigen Mehrkosten prüfen.

All diese Fragen können letztlich nur im Einzelfall geklärt werden. Allerdings dürfte ein Konflikt der Eltern mit einer Erzieherin in Einzelfragen, z. B. ob die Kinder auch bei schlechtem Wetter auf den Spielplatz dürfen, noch kein Grund sein, einen Kindergartenplatz in einer anderen Einrichtung zu beanspruchen. Alltagskonflikte rechtfertigen dies nicht, weil damit die Grenze dessen überschritten wird, «was der Einzelne vernünftigerweise von der Gesellschaft beanspruchen kann» (OVG Saarland vom 16. 12. 98 – Az: K III 464–13). In den Fällen, in denen die Eltern mit der pädagogischen Arbeit eines Kindergartens nicht zufrieden sind und der Gesprächsfaden zur Einrichtung gerissen ist, dürfte der Wechsel des Kindes in eine andere Einrichtung im Interesse aller Beteiligten liegen, so daß eine mögliche Lösung letztlich nicht allein unter juristischen Aspekten zu bewerten ist.

Wohnortnähe

Für Planer und Eltern stellt sich im Zusammenhang mit der Umsetzung des Rechtsanspruches häufig die Frage, ob Eltern und Kinder mit irgendeinem Platz in der Stadt oder sogar in der Nachbargemeinde zufrieden sein müssen. Oder können die Eltern auf einen Kindergartenplatz in der Nähe der Wohnung bestehen? Diese Frage ist im Bundesgesetz nicht geklärt.

Allerdings gibt das SGB VIII / KJHG wichtige Hinweise zur Wohnortnähe. Da wäre zunächst die Anforderung, das Leistungsangebot der Tageseinrichtungen pädagogisch und organisatorisch an den Bedürfnissen der Kinder und ihrer Familien zu orientieren (§ 22 SGB VIII / KJHG). Zu beachten ist hier, daß es sich um eine Soll-Vorschrift, nicht um eine Muß-Bestimmung handelt. Allerdings bedeutet im Verwaltungsrecht das Wort «Soll», daß grundsätzlich so zu verfahren ist, wie es das Gesetz will. Nur in untypischen Einzelfällen kann davon abgewichen werden. Was jeweils den Bedürfnissen von Kindern und Familien entspricht, muß geklärt werden, weil es im Gesetz nicht genauer beschrieben ist – zum Glück, weil dies die Betroffenen sicherlich besser können. Es dürfte allerdings unstrittig sein, daß ein kurzer Weg von der Wohnung zum Kindergarten, in dem sich Kinder aus der Nachbarschaft treffen, dem Bedürfnis vieler Familien entspricht. Auch die Vereinbarkeit von Erwerbstätigkeit und Elternschaft wird erleichtert, wenn der Kindergartenplatz im Wohnumfeld leicht erreichbar ist.

Es ist nur konsequent, wenn der Gesetzgeber fordert, Einrichtungen so zu planen, daß die Kontakte in der Familie und zum sozialen Umfeld erhalten und gepflegt werden können. Und Väter und Mütter sollen ihre Aufgaben in der Familie und Erwerbstätigkeit besser miteinander vereinbaren können (§ 80 SGB VIII / SGB). Allerdings brauchen die pädagogischen Konzepte der wohnortzentrierten Einrichtungen auch die Öffnung in den Stadtteil und die Gemeinde, damit nicht schon im Kindergarten ganze Gruppen, insbesondere von benachteiligten Kindern und Bürgern, aus dem Blickfeld verschwinden.

Mit der Feststellung, daß ein Kindergartenplatz in der Regel im Umfeld der Wohnung liegen soll, ist eine Orientierung gegeben, aber keine genaue Grenze gezogen. Bisher konnten die Träger von Einrichtungen im Einzelfall immer auf ihre enormen Anstrengungen zur Umsetzung des Rechtsanspruches verweisen, so daß damit eine untypische Situation gegeben war, in der der Anspruch auf einen wohnortnahen Kindergarten im Einzelfall zurückstehen mußte. Ob dies jetzt noch länger so gesehen werden kann, ist fraglich (vgl. Oelmann / Austermann 1996, S. 8).

Kosten

Kindertageseinrichtungen sind für Eltern nicht umsonst. Deren Betriebskosten, also Personalausgaben und Sachausgaben, Spielmaterial, Büromaterial, Gebäudeerhaltung, Reinigung, werden einerseits über Steuergelder, anderseits über die Elternbeiträge gedeckt.

Vielleicht fragen Sie sich als Eltern, warum Sie im Gegensatz zur Schule mit dem Elternbeitrag überhaupt zur Mitfinanzierung des Kindergartens herangezogen werden. Ein Grund, wenn auch kein zwingender: Der Besuch des Kindergartens oder einer anderen Tageseinrichtung ist im Gegensatz zur Schule keine Pflicht, sondern ein Recht. Jedenfalls darf für die Inanspruchnahme dieser staatlichen Leistung nach den Vorgaben des Kinder- und Jugendhilfegesetzes (§ 90 SGB VIII / KJHG) eine Gebühr festgesetzt werden, die im Kindergartenbereich üblicherweise als «Elternbeitrag», seltener als «Kindergartengebühr» bezeichnet wird.

Die Bundesländer können eine Staffelung der Gebühren empfehlen oder gestaffelte Beiträge festsetzen (§ 90 SGB VIII / KJHG). Dafür hat der Bund im erwähnten Gesetz drei Kriterien benannt: Die Staffelung nach Einkommensgruppen, Kinderzahl oder der Zahl der Familienangehörigen. Für einkommensschwache Familien sollen keine finanziellen Barrieren zum Kindergartenbesuch aufgebaut werden. Familien mit höherem Einkommen sollen entsprechend ihrer finanziellen Leistungsfähigkeit an der Finanzierung der Einrichtung beteiligt werden. Dies muß aber durch Landesrecht ausdrücklich ermöglicht werden.

Die Zulässigkeit der Staffelung der Elternbeiträge war lange umstritten. Nach einer Entscheidung des Bundesverfassungsgerichtes vom 10. 3. 1998 können Kindergartengebühren grundsätzlich nach dem Familieneinkommen gestaffelt werden, um auch Kindern einkommensschwacher Eltern den Besuch des Kindergartens zu ermöglichen. Denn allen Kindern stünden die gleichen Chancen der Bildungs- und Lebensmöglichkeiten zu und allen Familien müsse die Abstimmung von Erwerbstätigkeit und Erziehungsaufgaben ermöglicht werden (Beschluß des Bundesverfassungsgerichtes vom 10. 3. 1998, Az: 1 BVR 178 / 97). Dies gelte allerdings nur für Elternbeiträge, bei denen die Höchstgebühr den tatsächlichen Aufwand für einen Kindergartenplatz nicht decke. Dadurch erhielten alle Benutzer einen Vorteil.

Staffelung nach Einkommen und Kinderzahl

Die Möglichkeit zur Staffelung der Elternbeiträge nach Einkommen und Anzahl der Kinder haben wohl alle Bundesländer per Gesetz eingeräumt. Unterschiedlich ist jedoch der Gestaltungsspielraum, der den Trägern von Tageseinrichtungen hinsichtlich der Staffelung und Festlegung der Höhe des Elternbeitrages eingeräumt wurde. So werden z. B. in Nordrhein-Westfalen in einer Anlage zum Kindertageseinrichtungsgesetz die Elternbeiträge nach einer landesweit verbindlichen Staffelung erhoben (s. § 17 Kindertageseinrichtungsgesetz Nordrhein-Westfalen), in Hamburg regelt das das Elternteilnahmegebührengesetz. In Brandenburg hingegen gibt es auf der Grundlage des Kindertagesstättengesetzes nur Empfehlungen des zuständigen Ministeriums zu Höhe, Staffelung und Bemessungsgrundlagen der Elternbeiträge. Und in Thüringen legt das Gesetz über Tageseinrichtungen fest, daß einerseits «die Summe der Beiträge der Erziehungsberechtigten 50 vom Hundert der durchschnittlichen Betriebskosten abzüglich der Kosten für das anerkannte Fachpersonal nicht übersteigen soll», und andererseits die Träger eine soziale Staffelung vorzunehmen hätten. Andere Länder machen keine oder nur unverbindliche Aussagen zur Höhe der Elternbeiträge. Baden-Württemberg z. B. weist die Träger darauf hin, die Elternbeiträge so zu bemessen, «daß der wirtschaftlichen Belastung durch den Besuch der Einrichtung sowie der Zahl der Kinder in der Familie angemessen Rechnung getragen wird». Eltern müssen somit in solchen Ländern mit unterschiedlich hohen Elternbeiträgen in und zwischen den Städten und Gemeinden rechnen.

Auch die tatsächliche Berücksichtigung der Staffelung in den einzelnen Bundesländern ist unterschiedlich: In Baden-Württemberg sehen in der Regel die meisten Kindergartenträger eine Abstufung der Elternbeiträge nach Kinderzahl, nicht aber nach Einkommen vor.

Auskünfte über die jeweilige Regelungen zum Elternbeitrag erhalten Sie im Kindergarten, bei der Gemeindeverwaltung oder beim Kindergartenträger, beim Jugendamt der Stadt oder des Landkreises und beim zuständigen Landesjugendamt.

Eltern, die in Gemeinden mit unterschiedlichen Elternbeiträgen in kommunalen, kirchlichen und privaten Einrichtungen einen Kindergartenplatz ablehnen, weil er geringfügig teurer ist als vergleichbare Einrichtungen in der Gemeinde, dürften mit ihrer Forderung kaum Aussicht auf Erfolg haben. Sehr wohl aber dürfte unter dem Gesichtspunkt der «Sozialverträglichkeit» und mit Blick auf den Rechtsanspruch Eltern nicht zugemutet werden, einen im Vergleich zu den öffentlichen Kindergärten erheblich teureren Kindergartenplatz z. B. in einer privaten Einrichtung anzunehmen, weil innerhalb der Gemeinde keine anderen Plätze verfügbar sind. Ein solcher Fall müßte auf dem Klageweg geklärt werden, falls zwischen den Eltern und der für die Umsetzung des Rechtsanspruches zuständigen Gemeinde oder Stadt keine einvernehmliche Lösung (z. B. finanzieller Ausgleich der Mehrkosten) gefunden wird.

Eltern, die beim Vergleich zwischen Kindergärten feststellen, daß in ihrem Wohnumfeld unterschiedliche Elternbeiträge in den Kindergärten erhoben werden, sollten genau überlegen, warum das so ist. Da in Kindertageseinrichtungen die Personalkosten den Löwenanteil der Betriebskosten ausmachen, werden Einsparungen im Grunde nur möglich durch Reduzierung des Personals, und das heißt: größere Gruppen. Ein günstigerer Elternbeitrag kann z. B. auch dadurch zustande kommen, daß die Öffnungszeiten im Vergleich zu teureren Einrichtungen kürzer sind.

Aus gutem Grunde sprechen vielerorts die Träger die Qualität des Angebotes und die Höhe der Elternbeiträge in ihren Einrichtungen ab, um zu vermeiden, daß Konkurrenz um den billigsten Kindergartenplatz entsteht. Ein hoher Elternbeitrag heißt im allgemeinen also auch: ein besseres Angebot.

Unterstützung für einkommensschwache Familien

Mit den Kindergärten stellt der Staat nach Ansicht des Bundesverfassungsgerichtes «Chancengleichheit in Bezug auf Lebens- und Bildungsmöglichkeiten von Kindern her» (Beschluß vom 10. 03. 1998, S. 23 Az: 1 BvR 178/97). Deshalb sollte sie allen Eltern mit kleinen Kindern zur Verfügung stehen, auch einkommensschwachen. «Dieser Anforderung kann durch sozial gestaffelte Tarife genügt werden», so das Gericht.

Doch selbst die Sozialstaffelung der Elternbeiträge kann nicht verhindern, daß es im Einzelfall Familien gibt, denen die Belastung selbst durch einen niedrigen Elternbeitrag unzumutbar ist. Dieser soll in solchen Fällen nach dem Willen des Gesetzgebers (§ 90 SGB VIII / KJHG) auf Antrag ganz oder teilweise erlassen oder vom Träger der öffentlichen Jugendhilfe (Jugendamt) übernommen werden. Im Unterschied zu anderen Leistungen haben Eltern mit geringerem Einkommen einen verbindlichen Anspruch auf diese Leistung, weil der Kindergarten Teil der staatlichen Daseinsvorsorge ist.

Eltern, die den Beitrag für den Kindergarten nicht aufbringen können, sollten sich – auch im Zweifelsfall – an das Jugendamt ihrer Stadt oder ihres Landkreises wenden. Ob und in welcher Höhe der Elternbeitrag vom Jugendamt, das nach dem Gesetz für diese Leistung zuständig ist, übernommen wird, hängt von der «zumutbaren Belastung», also von der Einkommenssituation der Eltern und des betreffenden Kindes, ab. Ganz allgemein können Eltern davon ausgehen, daß zur Feststellung der zumutbaren Belastung das Einkommen des Kindes sowie der Elternteile herangezogen wird, mit denen es zusammenlebt. Vermögen wird nicht berücksichtigt, aber Vermögenserträge, also z. B. Zinsen aus Geldanlagen. Beim Einkommen dagegen werden grundsätzlich alle Einkünfte in Geld oder Geldeswert (z. B. Mieteinnahmen) miteingerechnet. Die Einkommensgrenze wird errechnet in Anlehnung an das Bundessozialhilfegesetz (§ 79 BSHG), also u. a. aus einem Grundbetrag, den Kosten für die Miete sowie aus einem Familienzuschlag.

Zitierte und weiterführende Literatur

Deutsches Jugendinstitut München / H. Colberg-Schrader / A. Zehnbauer: Rechtsanspruch auf einen Kindergartenplatz – Projektergebnisse: Angebotsvielfalt und alternative Angebote in der Kinderbetreuung; München 1996

Europäische Kommission: Das EC Netzwerk Kinderbetreuung, 1986–1996 (o. O., o. J.)

Oehlmann-Austermann A.: Rechtsanspruch auf einen Kindergartenplatz vor der Haustür – oder was? in: Zentralblatt f. Jugendhilferecht, H. 1, 1996, S. 8)

Wiesner u. a.: SGB VIII Kinder- und Jugendhilfe. Kommentar, München 1995

Was ist Pädagogik heute? – «Pädagogik der Vielfalt»

(Egbert Haug-Zapp)

Kinder erlebten nie eine vollständig «heile» Welt. Zu den Veränderungen von Kindheit heute zählt auch, daß sie mehr denn je in einer verwirrend vielfältigen Umgebung aufwachsen.

Kinder werden auf Urlaubsreisen und durch die Medien mit Fremdem und Anderem konfrontiert. Mit welcher Selbstverständlichkeit gehen sie beim Chinesen essen, fahren mit einem französischen Auto dorthin und vertreiben sich beim Warten auf den Nachtisch die Zeit mit einem japanischen Tamagotchi? Aber der globale Konsum befähigt noch nicht zu einem globalen Erleben.

Kulturell und religiös wird eine irritierende Vielfalt erfahrbar. Moscheen werden gebaut, wo es bisher nur Kirchtürme gab, Menschen drücken in ihrer Kleidung ihre uns fremde religiöse und landestypische Zugehörigkeit aus.

Die Schere zwischen Reichen und Armen wird in diesem Lande deutlicher. Auch in unserem Land haben nicht alle Kinder ein eigenes Bett, eine wachsende Zahl kinderreiche Familien lebt von Sozialhilfe (und die kann nur für üppig halten, wer noch nie eine Familie mit ihr ernähren mußte).

Selbst wenn ein Kind im Bereich der Familie noch eine einigermaßen homogene Welt erlebt, so begegnet ihm spätestens mit dem Eintritt in den Kindergarten Fremdes, Neues, Anderes.

Dazu zählen Lebensstile, Sprachen und Eßgewohnheiten, religiöse und soziale Verhaltensweisen. Was für jedes deutsche Kind gilt, gilt in der Regel noch viel stärker für Kinder aus anderen Kulturen.

Die multikulturelle Situation ist der Regelfall des Kindergartens – und auch unserer Gesellschaft – geworden. Und damit hat sich viel verän-

Behinderte Kinder und nichtbehinderte Kinder dürfen heute gemeinsam aufwachsen

dert. Ist das für Kinder verkraftbar? Liegen darin mehr Chancen oder mehr Probleme für sie? Haben die Eltern recht, die ihr Kind in einer Einrichtung anmelden, wo die Vielfalt möglichst gering, also z. B. die Zahl ausländischer Kinder möglichst klein ist?

Die meisten Einrichtungen – und wir mit ihnen – nehmen entschieden Partei für den Standpunkt, daß in dieser Vielfalt für die Kinder eine große Chance liegt, die verspielt wird, wenn wir auf begrenzte Zeit möglichst homogene Gruppen bilden.

Vorbei sind die Zeiten, wo Ausländerpädagogik hieß, eine kleine Minderheit von Kindern aus anderen Ländern in eine von deutschen Kindern bestimmte Gruppe einzugliedern. Die Ausländerkinder schienen das Problem zu sein, das eben durch Hilfen zur Anpassung zu lösen sei. Ziel ist dagegen heute, daß alle lernen, andere, fremde Verhaltensweisen zu akzeptieren.

«Pädagogik der Vielfalt» oder «Integrationspädagogik» heißt das angemessene Motto für die sozialpädagogische Reaktion auf diese Situation. Sie stellt den Versuch dar, die Begegnungen mit Andersartigem nicht vorrangig als Problem zu sehen und zu erleben, sondern als Bereicherung.

Integrationspädagogik

Lange Zeit war die pädagogische Antwort auf die Tatsache, daß es Kinder mit unterschiedlichen Behinderungen gibt, eine vielförmige Sonderpädagogik. Sondereinrichtungen wurden mit großem Aufwand gebaut und betrieben. Diese gezielte, spezielle sonderpädagogische Förderung hat natürlich auch ihre unaufgebbare Bedeutung. Aber muß individuelle Förderung für eine bestimmte Behinderung wirklich dazu führen, die Kinder völlig voneinander zu trennen? Denn es ist für die soziale und emotionale Entwicklung von Kindern ohne Behinderung wichtig, daß sie Kinder mit Behinderung erleben, und Kinder mit Behinderung sollen sich nicht vorrangig als behindert erleben, sondern als Kinder unter Kindern. Denn es geht nicht darum, ein Kind mit Behinderung in eine ansonsten unverändert zusammenlebende Gruppe zu integrieren, sondern es geht für alle darum, das Zusammenleben trotz aller Unterschiede als eine bereichernde Erfahrung einzuüben, um Konflikte möglichst konstruktiv austragen zu lernen. Sehr viele Erfahrungen bestätigen, daß dies von den Kindern – und oft erst in ihrem Gefolge auch von den Eltern – tatsächlich so erlebt wird.

Interkulturelle Konzepte

Jeder gute Kindergarten bietet heutzutage interkulturelle Erziehung an. Sie kann allerdings ganz unterschiedlich umgesetzt werden. Selten wird zweisprachige Erziehung praktiziert, wenngleich das Erlernen einer «Fremdsprache» im frühen Kindesalter nicht mehr so reserviert gesehen wird wie früher – vielleicht hat bei manchen Gegnern auch

Multikulturelles Zusammensein ist eine große Chance für alle Kinder

ein wenig Neid mitgespielt, wenn sie Kindern diesen Vorsprung verwehren wollten.

Toleranz für Anderes, Fremdes, Unvertrautes und Neugierde sowie Beschäftigung mit dem Eigenen, dem Vertrauten sind beides wesentliche Bestandteile einer interkulturellen Erziehung. Interkulturelle Erziehung findet übrigens nicht nur dann statt, wenn Kinder ausländischer Herkunft den Kindergarten besuchen. Kindern wird etwas vorenthalten, wenn sie nichts von der weiten Welt in ihrem Kindergarten vorfinden, nichts von fremden Gebräuchen und Sitten, nichts von anderen Gewohnheiten. Zunehmend wird deshalb der Ruf nach internationalen Einrichtungen laut – die Globalisierung der Erwachsenenwelt soll auch im Kindergarten stattfinden.

Interreligiöses Lernen

Eine multikulturelle Lebenssituation beinhaltet meist auch eine multireligiöse Lebenssituation. Vorbei die Zeiten, in denen ein Dorf eben evangelisch oder katholisch war. Auch in konfessionellen Einrichtungen kommen Kinder nicht nur aus unterschiedlichen christlichen Konfessionen, sondern auch aus anderen Religionen und solche, deren Eltern keiner religiösen Gemeinschaft angehören. Ökumenisches Miteinander zwischen katholischen und evangelischen Kindern und Erzieherinnen ist im Kindergarten selbstverständlich geworden. In vielen Einrichtungen wird aber derzeit der Schritt gewagt, von der binnenchristlichen Verständigung zum Miteinander der verschiedenen Religionen zu kommen. Interreligiöser Dialog als Beitrag zur Überwindung der kulturellen Differenzen soll an die Stelle der religiösen Überhöhung kultureller und sozialer Differenzen treten.

Dies ist ein religionspädagogischer Beitrag zum sozialen Frieden in einer multikulturellen Gesellschaft, und wie notwendig dieser ist, mag die Vergegenwärtigung der Auseinandersetzungen in Nordirland oder im ehemaligen Jugoslawien zeigen.

Wir beten so! Und Ihr?

Interreligiöses Lernen will Toleranz als Grundhaltung einüben. Toleranz heißt aber nicht, daß die Differenzen unwichtig und gleichgültig werden, sondern: sich auf den eigenen Standpunkt besinnen, ihn mittelbar machen und auch, die anderen Traditionen in ihrer Differenz wahrnehmen und akzeptieren. Im Kindergarten sollen Kinder also unterstützt werden, ihre jeweilige religiöse Identität auszuprägen und offen zu bleiben für andere religiöse Traditionen.

So werden in manchen Kindergärten im Wechsel christliche und muslimische Tischgebete gesprochen, sowohl das christliche Weihnachtsfest als auch das muslimische Zuckerfest gefeiert. Die jeweils anderen Kinder sind als interessierte Gäste dabei.

Unterschiede wird es auch in der Ausprägung der Geschlechtsrolle geben. Nicht in allen Kulturen wird, wie bei uns üblich geworden, die Gleichwertigkeit beider Geschlechter in allen Bereichen betont. Ein deutscher Junge lernt z. B., daß er seiner Schwester in keiner Weise vorgezogen wird – aber er sieht, daß es auch Familien gibt, in denen die Schwester dem Bruder die Tasche tragen muß. Es wird also nötig sein, allen beteiligten Kindern die Rolle zu erklären, die ihnen in den verschiedenen kulturellen Traditionen zugewiesen wird.

Vielfalt als Chance

Offenkundig ist: Eine Pädagogik der Vielfalt ist nie «fertig», ist konfliktträchtig, ist ein manchmal sehr mühsamer Prozeß, aber einer, dessen Anstrengungen sich lohnen. So wird durch alltägliche Erfahrungen und Begegnungen dem Entstehen von Vorurteilen und Sündenbock-Denken vorgebeugt.

Sicher wird manches an Fremdem Kinder verwirren. Warum darf jemand, was ich nicht darf? Warum betet jemand anders als ich oder gar nicht? Warum macht ein Mädchen beim Nacktduschen nicht mit, und ein anderer benutzt für die Geschlechtsteile Worte, die ein drittes Kind noch nie gehört hat?

Integrationspädagogik setzt zunächst bei den Erzieherinnen und Eltern große und manchmal schmerzliche Prozesse voraus – nämlich das Gefühl, daß bisher Selbstverständliches nicht mehr selbstverständlich ist, bisher Eindeutiges vieldeutig wird. Es ist anstrengend, Fremdes nicht einfach abzuwehren, weil es bedrohlich erscheint, sondern genau dem, was zunächst kaum verständlich ist, zuzuhören, auf Menschen, die sich eher absondern, zuzugehen. All das fordert Selbstbewußtsein, Mut, Kraft, aber es gibt von alledem auch, wenn es versucht wird.

Kinder tun sich mit solcher Offenheit zunächst leichter. Sie sind unbefangen, umarmen ein Kind mit sichtbarer Behinderung, spielen mit einem Kind, dessen Sprache sie nicht verstehen. Sie brauchen aber die Hilfe der Erwachsenen, um diese Offenheit durchzuhalten und in ihr unterstützt zu werden. Denn diese Offenheit ist für die Kinder auch anstrengend, weil sie oft zu schwierigen Konflikten führt. Kinder übernehmen dann manchmal unkritisch bisher unbekannte Verhaltensweisen, der bisher liebevolle Bruder spielt sich z. B. gegenüber seiner kleinen Schwester als Klein-Macho auf.

Kinder kommen in große Probleme, wenn ihnen ein Loyalitätskonflikt zugemutet wird: Wenn es nicht mehr nur eben «anders» ist, was sie im Kindergarten erleben und manchmal mit nach Hause bringen, sondern wenn es «falsch» ist, geahndet wird, wenn das Kind das Gefühl bekommt, wählen zu müssen, statt in neugieriger Suchhaltung Fremdes spielerisch nachzuahmen, probeweise übernehmen zu können. Nicht die Vielfalt ist das größte Problem, sondern wenn daraus für das Kind ein Loyalitätsproblem wird (wem soll ich glauben, den Eltern oder der Erzieherin?) oder wenn das Kind allein mit seinen Fragen und seiner Verwirrung gelassen wird.

Wir plädieren dafür: Sehen Sie die Vielfalt, mit der Ihr Kind konfrontiert wird, als Chance!

Ein Buch zum Weiterlesen

Preissing, Christa: Und wer bist Du? Interkulturelles Leben in der Kita. Praxisreihe Situationseinsatz, Ravensburg 1998

Was steckt hinter den Kindergarten-Konzeptionen?

(Irmgard Wagner)

Im folgenden stellen wir Ihnen die wichtigsten pädagogischen Konzeptionen vor, nach denen in heutigen Kindergärten gearbeitet wird. Wir wollen Ihnen damit Beurteilungskriterien an die Hand geben und Fragen aufwerfen, die Sie mit Erzieherinnen oder anderen Eltern besprechen können.

In der Praxis gibt es selten lupenreine Vertreterinnen der einen oder anderen Konzeption, sondern überwiegend Erzieherinnen, die einzelne Teile einer pädagogischen Konzeption befürworten. Für eine Orientierung mag es aber hilfreich sein, die Prinzipien zu kennen, um die bei Ihnen vor Ort vertretene Konzeption einschätzen zu können.

Der Situationsansatz – nach dem die meisten Kindergärten arbeiten

Diese Konzeption wurde in den Jahren nach 1973 in einem groß angelegten bundesweiten Modellprojekt und anschließendem Erprobungsprogramm begründet und Ende der 90er Jahre in den neuen Bundesländern in einem mehrjährigen Projekt weiterentwickelt. Dabei arbeiteten in beiden Phasen Praktikerinnen und Wissenschaftlerinnen eng und gleichberechtigt zusammen. Auch Trägerverbände waren einbezogen. Heute ist dieser Ansatz in der Fachliteratur gut dokumentiert und gilt in vielen Kindergärten als Selbstverständlichkeit.

Auch in die Ausbildung von Erzieherinnen hat der Situationsansatz Eingang gefunden. Trotzdem gibt es seit einiger Zeit eine berufsbe-

Hier läßt sich die Konzeption klar erkennen

Manche Fragen lassen sich am besten in einer Bibliothek beantworten

gleitende Weiterbildung zur «Fachkraft für den Situationsansatz» der Internationalen Akademie in der Freien Universität Berlin (Institut für den Situationsansatz). Sie wird angeboten, um die Qualität des Konzeptes in der Praxis zu sichern.

Manche Ländergesetze für den Kindergartenbereich sind durch dieses Konzept geprägt. Auch einer wissenschaftlichen Überprüfung hat es standgehalten: Kinder, die in einem Kindergarten nach dem Situationsansatz gefördert werden, sind nachweislich aufgeweckter und anregungsreicher als andere. Sie können sich besser selbst beschäftigen und brauchen weniger die Motivation von Erwachsenen für ihr Tun.

Ausgangslage des Situationsansatzes ist, daß Erzieherinnen, Eltern und Trägervertreterinnen gemeinsam ermitteln, was Kinder und ihre Familien für ihre Lebenssituation benötigen. Die pädagogische Arbeit im Kindergarten soll so ausgerichtet werden, daß Kinder eine Unterstützung in ihrer persönlichen Entwicklung erhalten, vielfältige Erfahrungen in der Kindergruppe machen können und zunehmend eigenständig den Tag gestalten lernen. Ausflüge und Unternehmungen eröffnen Kindern hierbei Erfahrungen und Begegnungen mit Menschen außerhalb des Kindergartens.

Grundlage des Situationsansatzes ist, die unterschiedliche Lebenssituation der Kinder und ihrer Familien zu berücksichtigen – dazu gehören:
- das Familienleben mit Erwerbsarbeit,
- die Gegebenheiten im Wohnumfeld,
- die Rahmenbedingungen des Kindergartens,
- die Zugehörigkeit zu einem Trägerverband oder Elternverein.

Unterschiedliche Konzeptionen entstehen je nach Kindergarten. Das macht die Arbeit für alle Beteiligten interessant und lebendig.

Prinzipien des Situationsansatzes

Orientierung an der Lebenssituation der Kinder
Ausgangspunkt der Arbeit ist kein festgelegter «Lehrplan» oder ein sich jährlich wiederholendes Programm, sondern die Erfahrungen, Fragen, Probleme und Interessen der Kinder, so weit diese in der Kindergruppe zum Thema gemacht werden können. Dies kann z. B. sein:
- «Anfang und Abschied in einer Kindergruppe»
- «Was ich gerne esse, und was mir gut bekommt»
- «Wie finde ich eine Freundin oder einen Freund?»
- «Wir gestalten unseren Gruppenraum»
- «Geburt und Zärtlichkeit»
- «Sich schlagen und vertragen»
- «Was meine Eltern und ich tagsüber tun»
- «Wir feiern ein Fest»
- «Mädchen und Jungen in unserer Gruppe»
- «Wir erkunden unseren Stadtteil»
- «Warum Geld so wichtig ist»

Situationsorientierte Arbeit nimmt die unterschiedlichen Lebenswirklichkeiten der Kinder ernst und macht sie zum Lerngegenstand. Dazu gehören Situationen, die momentan wichtig sind, und solche, die auf zukünftige ähnliche Situationen vorbereiten, wie der jährlich wiederkehrende Übergang in die Schule.

Offene Planung
Diese Arbeit folgt keinem fertigen Plan, sondern stellt sich in seiner Planung auf die aktuellen Ideen, Interessen und Bedürfnisse der Kinder und Eltern ein. Von außen betrachtet sieht es manchmal so aus, als stehe dahinter überhaupt keine Planung. Wenn man allerdings hinter die Kulissen blickt, erkennt man, wie hoch die Aufmerksamkeit und wie intensiv die Vorbereitungs- und Planungsarbeit der Erzieherinnen tatsächlich sind. Einblick bekommt man, indem man die Dokumentationen der Erzieherinnen verfolgt, die die tatsächlich geleistete Vorbereitungsarbeit sichtbar machen.

Ziele
Es gibt keine wertfreie Erziehung. Auch dieses offene Konzept ist Zielen und Werten verpflichtet, setzt ein bestimmtes Menschenbild und damit ein Bild von Kindheit voraus. Es wird davon ausgegangen, daß Kinder sich selbst entwickeln, daß das niemand für sie tun kann. Aber Erziehung soll ihnen helfen, möglichst selbstbestimmt und gemeinschaftsfähig zu werden und breite Fähigkeiten und Fertigkeiten zu erwerben.

Bedeutung des sozialen Lernens
«Soziales Lernen» ist der richtungsweisende Titel der meisten Arbeitsmaterialien zum Situationsansatz. Zum sozialen Lernen gehören selbstverständlich die Integration von behinderten Kindern, multikulturelles und multireligiöses Lernen (s. a. S. 66 ff.). Sachbezogenes Lernen ist selbstverständlich gewollt, es soll jedoch im Zusammenhang mit sozialem Lernen erfolgen und nicht als isoliertes Training. So lernen die Kinder in bestimmten Situationen den Umgang mit Zahlen und Mengen, z. B. wenn sie für den Geburtstag eines Kindes einen Kuchen backen. Soziale Fähigkeiten, wie den Umgang mit Stärken und Schwächen, entwickeln sich beim konkreten Tun und vor allem im Spiel.

Das Spiel
Das Spiel als Lernform steht im Vordergrund, denn es beinhaltet Freude, Neugierde, Lust, Kreativität, Phantasie und Experimentieren. All dies wird genutzt, um eigenständiges Entdecken und Entfalten aller Sinne – und damit das Selbst des Kindes – zu fördern. Spielerisch lernen Kinder so die Welt – auch die der Erwachsenen – zu verstehen.

Die Bedeutung des Alltags
Der Kindergarten bietet Kindern einen Lebensraum, in dem Alltag gestaltet wird. Dazu gehören Räume, die vielfältig genutzt werden dürfen. Alltagsgegenstände als Spielmaterial und ein Garten, um Obst, Gemüse, Kräuter und Blumen anzupflanzen und zu ernten.

Altersgemischte Gruppen
Sie bieten Kindern unterschiedlichen Alters ein anregendes Umfeld und die Chance, mit und von Jüngeren und Älteren zu lernen, eine Erfahrung, die viele Kinder zu Hause oft nicht mehr machen können. Altersgemischte Gruppen reduzieren den Konkurrenzdruck, lassen entwicklungsbezogenes Lernen zu und vermitteln den Kindern in unterschiedlichen Lern- und Erfahrungsstufen die notwendigen Erfolgserlebnisse. Gerade für Eltern mit mehreren Kindern reduziert diese Betreuungsform Streß, da alle Kinder in einer Tageseinrichtung leben und auch tagsüber zu ihren Geschwistern Kontakt haben können.

Individualisierung und das Leben in einer Gruppe
Der gesellschaftliche Trend zur Individualisierung des eigenen Lebens, der nur das eigene Wohlbefinden, aber nicht mehr das einer Gruppe sieht, braucht ein Gegengewicht.

Schon Kinder können erfahren, daß es sich lohnt, gemeinsam mit anderen das Leben zu bestehen. Deshalb nimmt in heutigen pädagogischen Diskussionen die Frage «Wie viel Gruppe braucht das Kind?» breiten Raum ein (s. a. S. 137 ff.).

Öffnung
Im Kindergarten können Kinder auch über ihre eigene Gruppe hinaus Kontakte zu allen anderen Kindern und Erzieherinnen in der Einrich-

tung aufnehmen. Zugleich bedeutet Öffnung noch mehr: Der Kindergarten will kein Inseldasein pflegen, sondern sich mit seinen Anliegen und Interessen an Menschen aus dem Umfeld des Kindergartens wenden. Sie werden besucht und auch eingeladen. Gemeinsam können so die Menschen in einem Stadtteil oder einer Gemeinde für Veränderungen im Interesse von Kindern eintreten, z. B. bei der Planung einer kinderfreundlicheren Stadt.

Erwartungen an die Eltern

Zum Prinzip der Öffnung gehört die *Offenheit für die Eltern*. Manche Erzieherinnen bieten den Eltern im Kindergarten einen gemütlichen Ort, eine Gesprächsecke an, um unkompliziert Kontakte zu anderen Eltern knüpfen oder miterleben zu können, was Kinder und Erzieherinnen zur Zeit gerade beschäftigt. Damit ein gutes Miteinander entsteht, ist es bei vielen Erzieherinnen üblich, Kinder zu Hause zu besuchen.

Umgekehrt wünschen sich die Erzieherinnen, daß möglichst viele Eltern auch im Kindergarten präsent sind. Denn so können die Kinder erleben, daß ihre Eltern an ihrem Kindergartenalltag teilhaben und sie bei der Umsetzung von Wünschen unterstützen.

Auch die finanzielle Situation der Kindergärten erfordert zunehmend Engagement der Eltern, wenn die Qualität der Betreuung, Bildung und Erziehung der Kinder nicht leiden soll. Hier hilft es sehr, wenn sich Eltern entsprechend ihrer Fähigkeiten und Kontakte für den Kindergarten einsetzen.

Die Beteiligung an Elternabenden ist schon lange ein wichtiges Bindeglied zwischen Eltern und Erzieherinnen. Hier bietet sich die Gelegenheit, etwas über den Kindergartenalltag zu erfahren, eigene Fragen zu den Kindern zu stellen, mit anderen Eltern zu diskutieren oder zu einem aktuellen Thema mit Fachleuten ins Gespräch zu kommen. Im Situationsansatz ist es wichtig, den Kindergarten als einen Ort der Begegnung für alle Kinder und Familien zu gestalten. So können Eltern und Kinder ihre Interessen in die Arbeit einbringen und ihre eigenen Fähigkeiten und Kompetenzen für alle zur Verfügung stellen.

Kritische Fragen an den Situationsansatz

Dieser pädagogische Ansatz verlangt ein gut durchdachtes Gesamtkonzept, welches von den Erzieherinnen Flexibilität, Offenheit und Einfühlungsvermögen in die aktuelle Situation der Kinder in der Gruppe fordert. Eine entscheidende Voraussetzung hierbei ist, daß eine Erzieherin nicht alleine mit 25 Kindern arbeitet. Sonst werden beide Seiten – Erwachsene und Kinder – überfordert. Hier hilft nur gemeinsames Eintreten von Erzieherinnen und Eltern für bessere Rahmenbedingungen.

Besucht Ihr Kind einen Kindergarten, der nach dem Situationsansatz arbeitet? Oder wollen Sie es dort anmelden? Dann sollten Sie sich und eventuell den Erzieherinnen folgende Fragen stellen:

- Gibt es genügend Möglichkeiten, Ruhe und Stille zu erfahren? Oder gibt es zuviel Unruhe und Lärm?
- Brauchen Kinder, die sich nicht so leicht konzentrieren können, nicht gerade heute feste Regeln und Formen?
- Kommen Kinder aus diesen Einrichtungen gut vorbereitet zur Schule? Wird der Übergang in die Schule bedacht und vorbereitet?
- Erhalten die Kinder genügend Bildungsangebote, wenn der Schwerpunkt auf dem Erwerb von sozialen Fähigkeiten liegt?
- Werden Phantasie, Kreativität und Spiel tatsächlich genügend berücksichtigt?
- Werden Kinder überfordert, wenn sie schon im Kindergarten mit Problemen wie «gesunde Ernährung», «Müllvermeidung» oder bedrohlichen Aspekten in ihrem Lebensumfeld konfrontiert sind?
- Werden wirklich Kindersituationen aufgegriffen oder Erwachsenensituationen übergestülpt?
- Überfordern integrative und multikulturelle Inhalte die Kinder und Erzieherinnen? Kommen dabei einzelne Kinder oder Kindergruppen zu kurz?
- Sind Erzieherinnen wirklich dazu ausgebildet, eine derart anspruchsvolle Konzeption zu praktizieren? Sind die nötigen persönlichen wie fachlichen Qualifikationen vorhanden?

Wir stimmen nicht mit aller Kritik überein, die in diesen häufig gestellten Fragen von Eltern an das Konzept steckt. Aber wir möchten Sie ermutigen, im Gespräch mit den Erzieherinnen zu einem klaren Bild über die jeweilige Einrichtung zu kommen.

Bücher zum Weiterlesen

Heller, E. / Lipp-Peetz, Ch. / Naumann, S.: «Wir arbeiten nach dem Situationsansatz» Information für Eltern, Ravensburg 1998
Colberg-Schrader, H. / Krug, M.: Lebensnahes Lernen im Kindergarten, München 1982
dies.: Arbeitsfeld Kindergarten, München 1986 (wird z. Z. überarbeitet)
Naumann, S.: Hier spielt sich das Leben ab. Praxisreihe Situationsansatz, Ravensburg 1998
Zimmer, J.: Das kleine Handbuch zum Situationsansatz, Ravensburg 1998

Der integrative Kindergarten

Alle genannten Ansätze versuchen, alle Kinder einer Gruppe zu integrieren, denn für ein soziales Gesellschaftssystem ist das verantwortliche und rücksichtsvolle Miteinander von grundlegender Bedeutung.

Vor allem in den Großstädten gibt es sog. integrative Kindergärten. Die Gruppenstärke liegt meist bei 15 Kindern, wobei fünf Kinder unterschiedliche Behinderungen haben.

In ländlichen Gebieten wird eher die Möglichkeit der Einzelintegration angeboten. Das bedeutet, daß ein oder zwei Kinder mit Besonderheiten in einer Gruppe von 18 bis 20 Kindern betreut werden. Die spezielle Beratung und Förderung der Kinder mit Behinderung erfolgt von Fachkräften der Frühförderstellen entweder im Kindergarten selbst oder in eigenen Beratungsstellen. Diese Form der Integration soll Kindern und Eltern eine wohnortnahe Unterstützung zukommen lassen, damit die sozialen Kontakte im Lebensumfeld erhalten bleiben können.

Die Finanzierung der integrativen Arbeit unterliegt in den einzelnen Bundesländern unterschiedlichen Bestimmungen und Regelungen. Damit die qualifizierte Arbeit zur gemeinsamen Erziehung der Kinder gelingen kann und die erforderliche Förderung sichergestellt ist, benötigen die Eltern für ihre behinderten Kinder eine Anerkennung der Behinderung nach dem Bundessozialhilfegesetz (BSHG § 39). Diese Bescheinigung stellt das Gesundheitsamt aus und sichert damit die finanzielle Förderung durch den Landeswohlfahrtsverband. Manchmal werden Sie bei dem Kindergarten in Ihrer Nähe solch ein Angebot noch nicht vorfinden. Sie sollten sich dann mit Ihrem Anliegen an den Träger der Einrichtung wenden, um über eine Integrationsmaßnahme für Ihr Kind zu sprechen. Für das gemeinsame Aufwachsen von Kindern mit unterschiedlichen körperlichen, geistigen und seelischen Voraussetzungen ist es wichtig, daß die Kinder spüren, wie sich alle Beteiligten für das gemeinsame Projekt einsetzen.

Aidskranke Kinder

Nicht thematisiert, eher tabuisiert wird die Frage nach der Aufnahme von aidskranken Kindern. Die Eltern sind in einer besonders schwierigen Lage und möchten ihrem Kind den Kontakt zu anderen Kindern ermöglichen. Eltern von nicht infizierten Kindern haben in der Regel Angst, daß sich ihr Kind ansteckt. Einige Kindergartenträger haben sich in den letzten Jahren mit diesem Thema besonders befaßt und entschieden, aidskranke Kinder aufzunehmen. Tatsache ist, daß ein Ansteckungsrisiko nicht in erster Linie für die gesunden, sondern für die kranken Kinder besteht. Sie sind besonders gefährdet, durch jede kleine Erkältungs- oder Kinderkrankheit aus dem Gleichgewicht gebracht zu werden. Es ist für Eltern deshalb keine leichte Entscheidung, ihrem Kind den Besuch des Kindergartens zu ermöglichen. Aber nur so kann ihr Kind, auch wenn sein Leben nur kurz sein mag, zusammen mit anderen Kindern – und nicht isoliert – aufwachsen. Scheuen Sie sich deshalb nicht, die Leiterin oder den Träger der Einrichtung auf Ihr Anliegen anzusprechen.

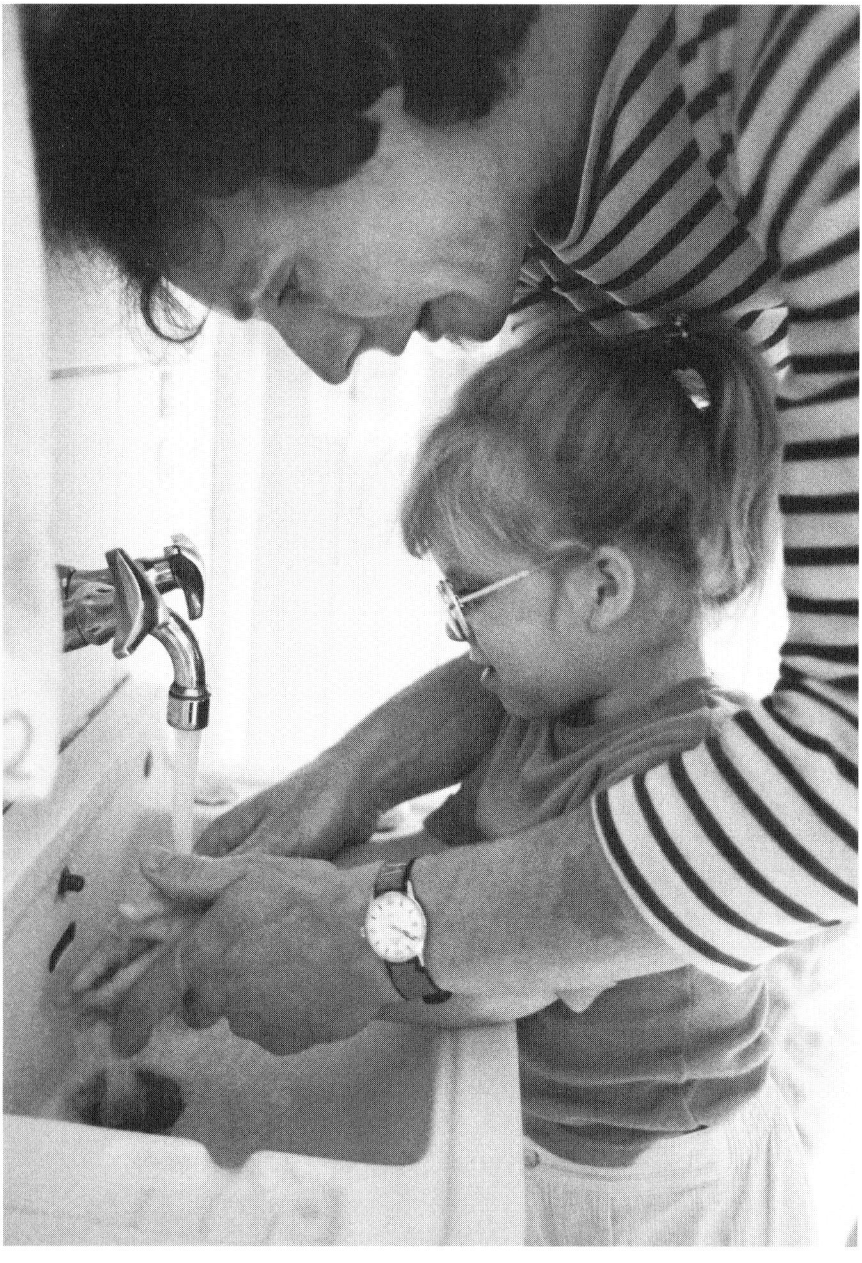

Im integrativen Kindergarten gibt es mehr Personal

Bücher zum Weiterlesen

Aids und Kindertagesstätte. Ein Jugendamt überwindet die Stigmatisierung HIV-infizierter Kinder. in: TPS 3 / 1990, S. 155, Seelze 1990

Kobelt-Neuhaus, D. / Kossolapow, M.: Integration. Aufforderung und Erfahrung, TPS extra 29, Seelze 1998

Der Waldorfkindergarten

Waldorfkindergärten und -schulen basieren auf der Lehre des Begründers der Anthroposophie, Rudolf Steiner (1861 – 1925). 1919 gründete er die erste, nach seinen Prinzipien arbeitende Schule. Sie wurde finanziell getragen von der Firma Waldorf-Astoria, daher der Name Waldorfschule.

Waldorfkindergärten in größerer Zahl gibt es allerdings erst seit den siebziger Jahren. Seit 1990 ist ihre Zahl stark gewachsen, besonders durch die neuen Bundesländer, die vorher für Waldorfpädagogik ein weißer Fleck waren. Fast alle Neugründungen gehen auf Elterninitiativen zurück, die mit erheblichem Aufwand an Ideen, Zeit und Geld diese Gründungen vorantreiben.

Erzieherinnen in Waldorfkindergärten heißen dort bewußt Kindergärtnerinnen. Sie werden in speziellen Fachschulen ausgebildet oder haben im Anschluß an die übliche Erzieherinnenausbildung eine einjährige Weiterbildung in Waldorfpädagogik absolviert.

In der fachlichen Diskussion spielen Waldorfkindergärten eine weit größere Rolle, als dies ihrer Zahl entspricht. Im Unterschied zur situationsorientierten Pädagogik kann von Waldorfkindergärten ein einheitlicheres Bild gezeichnet werden. Allerdings muß auch hier die konkrete Situation vor Ort betrachtet werden, da die Einrichtungen stark von den Persönlichkeiten der Leiterin und der Erzieherinnen geprägt werden.

Im anthroposophischen Kindergarten: Aufräumen als Spiel

Einige Prinzipien der Waldorfpädagogik

Anhänger der Anthroposophie vertreten die Ansicht, daß diese Pädagogik nicht losgelöst von ihren weltanschaulich-religiösen Grundlagen zu betrachten ist. Viele Eltern, die lediglich an der Pädagogik interessiert sind, versuchen allerdings, den ideologischen Hintergrund auszublenden. Oft kommen sie – gerade in den neuen Bundesländern – eher wegen der Atmosphäre oder der Ernährung. Heinrich Bartz, ein wohlwollend distanzierter Beobachter, weist darauf hin, daß die pädagogischen Prinzipien der Waldorfpädagogik in zentralen Punkten mit den Intentionen der Reformpädagogen der 20er Jahre und mit dem sozialpädagogischen Ansatz von Friedrich Fröbel übereinstimmen. Auch wir folgen diesem Weg und stellen die pädagogischen Prinzipien dar, ohne auf die dahinterstehende Weltanschauung einzugehen.

Lernen durch Nachahmung
Die Menschenlehre Rudolf Steiners geht von einem Rhythmus von je sieben Jahren für eine Lebensphase aus. In der ersten Lebensphase lernen Kinder vor allem durch Nachahmung. Daraus ergibt sich, daß Kinder keine Lernprogramme brauchen, sondern eine Umwelt, die voll sinnvoller und wichtiger nachahmenswerter Anregungen ist. Die Einrichtung ist deshalb sehr bewußt gestaltet: ein bestimmtes Madonnenbild, zarte Farben, handwerkliche, naturnahe Spielmaterialien. Verzichtet wird auf Bilder, Spielzeug aus Plastik, technische Medien – insbesondere das Fernsehen.

Die Kindergärtnerin als Vorbild und Modell
Aufgabe der Erzieherin ist es, den Kindern „Modell" zu sein, die Kinder sollen sich an ihr orientieren können. Deshalb agiert die Erzieherin immer wie auf einer Bühne. Arbeiten wie Nähen, Backen, Reparieren werden gemeinsam erledigt und haben einen hohen Stellenwert. Wenn die Kindergärtnerin in die Aktionen der Kinder eingreift, so tut sie dies mit «Kunstgriffen», die die Konflikte entschärfen und kanalisieren sollen.

Rhythmen und Ordnung
Tagesablauf, Woche und Jahr sind bewußt gegliedert und gestaltet. Sie wiederholen sich in immer wiederkehrenden Abläufen. Schon von daher ergibt sich die Nähe von Erfahrungen mit der Natur und der Abstand zu gesellschaftlichen Erfahrungen. Diese Rhythmen entsprechen nach Steiner den kindlichen Bedürfnissen und geben den Kindern einen vertrauenstiftenden Rahmen und notwendige Orientierungshilfen. Auch in der Eurythmie (eine Bewegungslehre) wird dieses allgemeine Lebensgesetz erfahren.

Kunst und künstlerisch gestalteter Alltag
Hier geht es einerseits um die Anregungen zu künstlerischem Tun (Malen, plastisches Gestalten, Weben), zum anderen aber auch um eine ästhetische Ausformung des Alltags z. B. bei der Raumgestaltung, bei Tischsitten oder der Gestaltung von Jahreszeittischen.

Ganzheitlichkeit
Aus Steiners Menschenkunde ergibt sich als pädagogische Konsequenz ein Ansatz ganzheitlichen Lernens. Allerdings wird diese Ganzheitlichkeit erst erreicht, wenn auch bewußt die geistig-religiösen Elemente einbezogen sind – dazu gehören Erfahrungen von Dankbarkeit oder Ehrfurcht, keine Belehrung. Auch hier bilden wiederkehrende Rituale und Elemente (Tischgebet, Feste) den Orientierungsrahmen.

Spiel
Trotz starker Kritik Steiners an den Fröbelschen Spielangeboten verbindet beide die Anerkennung der Bedeutung des Spiels für die kindliche Entwicklung. Die Kinder sollen im Spiel Konzentration einüben, Phantasie ausbilden und ihre Erfahrungen und Erlebnisse verarbeiten können. Die Spielmaterialien sind nach besonderen Gesichtspunkten ausgewählt. Zwei Beispiele: Die Puppen haben keine Gesichter, damit die Kinder sie mit ihrer Phantasie beleben, und die Holzklötze sind nicht normiert, um Spielaktionen nicht vorzustrukturieren.

Weiche Übergänge
Im Sinne der begleitenden und beschützenden Haltung der Kindergärtnerinnen wird der Übergang zur Schule sehr bewußt gestaltet. Wo Kinder vom Waldorfkindergarten in die Waldorfschule wechseln, ist eine pädagogische Kontinuität gesichert. Wechselt ein Kind in eine staatliche Grundschule, so hat es einen erheblichen Bruch zu bewältigen.

Elternarbeit
Auf der Suche nach einem Platz im Waldorfkindergarten muß man mit langen Wartezeiten rechnen und wissen, daß die Kindergärtnerinnen hohe Erwartungen an die Eltern stellen. Da die Kindergärten in ihrer Finanzierung auf Zuwendungen von Dritten angewiesen sind, bedeutet dies oftmals einen höheren Elternbeitrag, Mithilfe bei der Raumgestaltung, bei Renovierungsarbeiten, beim Reinigen und bei der Anschaffung besonderer Materialien. Das bedeutet vor allem einen hohen Zeitaufwand. Eltern sind zur Mitarbeit verpflichtet, aber sie haben kein Recht zur Mitbestimmung an der pädagogischen Konzeption. Es wird erwartet, daß Eltern die Prinzipien der Waldorfpädagogik auch zu Hause leben (z. B. kein Fernsehen).

Kritische Fragen an die Waldorfpädagogik

Bevor Sie Ihr Kind in einem Waldorfkindergarten anmelden, sollten Sie sich folgende Fragen stellen:

- Der Weg zum Waldorfkindergarten ist meist mit langen Fahrten verbunden. Das bedeutet ein Herauslösen des Kindes aus dem sozialen Umfeld. Ist das gewünscht und sind mögliche Folgen bedacht?
- Die Bedeutung von Aggressionen und Sexualität für Kinder wird im ersten Jahrsiebt sehr gering eingeschätzt. Sexuelle Spiele werden unterbunden, aggressives Verhalten oft mit Ablenkung möglichst früh abgewiegelt. Wird das der kindlichen Entwicklung gerecht?
- Generell sollen die Kinder ab dem vierten Lebensjahr aufgenommen werden. Jüngere gelten als nicht kindergartenreif. Wie verhält sich dies zu positiven Gruppenerfahrungen anderer Kinder?

- Wird das Angebot – ab vier Jahren – den Situationen berufstätiger Eltern und Alleinerziehender gerecht? Wird hier nicht ein bestimmtes Familienbild zur Norm für alle gemacht?
- Ist es angemessen, die Berufstätigkeit der Mütter abzulehnen und damit gerade Alleinerziehende und Frauen, die in ihrem Beruf arbeiten wollen, moralisch unter Druck zu setzen? Zunehmend bieten allerdings auch anthroposophische Einrichtungen längere Öffnungszeiten oder sogar ganztägige Öffnung an.
- Hilft es den Kindern, wenn sie eine vorindustrielle Welt erleben, die aktuelle Umweltentwicklungen und auch Kommunikationstechniken ausschließt? Wie erwerben Kinder einen selbstbewußten eigenständigen Umgang mit diesen Realitäten?
- Wird hier die Neugier der Kinder behindert, die gerade ein wichtiger Schlüssel für Lernerfolg ist?
- Sind nicht auch gesellschaftliche Bezüge und Auseinandersetzungen mit sozialen Konflikten wichtig, wenn die zukünftige Generation mit der Bewältigung größerer Umweltfragen fertig werden muß?
- Ist die Waldorfpädagogik nicht doch nur etwas für Eltern, die das ganze Gedankensystem und die Umsetzung der Anthroposophie nachvollziehen?

Bücher zum Weiterlesen

Bartz, H.: Der Waldorfkindergarten, Weinheim 1984
Von Kügelgen, Helmut: Plan und Praxis des Waldorfkindergartens, Stuttgart 1991
Seitz, M. / Halbwaches, U.: Montessori oder Waldorf?, München 1996
TPS extra 12 – Theorie und Praxis der Sozialpädagogik

Der Montessori-Kindergarten

Die italienische Ärztin Maria Montessori (1870–1952) begründete eine pädagogische Konzeption, die heute in schulischen und außerschulischen Einrichtungen vieler Länder, darunter auch der Bundesrepublik praktiziert wird. Dabei gibt es zwei Varianten: die Pädagogik sehr vieler Kindergärten, Horte und Schulen, die nur einzelne Elemente übernommen haben, und die Einrichtungen, die ganz konsequent nach der Montessori-Pädagogik arbeiten.

Letztere werden Kinderhäuser genannt und umfassen Kindergarten und Schule. Erzieherinnen und Lehrerinnen werden in eineinhalb- bis zweijährigen Seminaren der Deutschen Montessori-Gesellschaft in Frankfurt am Main weitergebildet.

Einige Prinzipien der Montessori-Pädagogik

Selbständigkeit
«Hilf mir, es selbst zu tun!» Dieser Satz formuliert die Erwartung, die Kinder nach Montessori an Erwachsene haben. Der ausgeprägte Wille der Kinder, ihre Lebenssituationen und Aufgaben selbständig zu lösen, muß von den Erzieherinnen unbedingt respektiert werden.

Dem selbständigen Lernen, von Montessori bewußt als «Arbeiten» bezeichnet, dienen die von ihr entwickelten und seither kaum veränderten Materialien. Kinder wählen sich aus dem offen zugänglichen Angebot aus, womit sie arbeiten wollen. Die Materialien sind so konstruiert, daß die Kinder damit alleine arbeiten und auch alleine Erfolge haben oder Fehler feststellen können. Besuchern fällt auf, wie ausdauernd, sorgsam und konzentriert und mit wie viel Spaß Kinder mit diesen Materialien arbeiten, zum Beispiel immer wieder Zylinder unterschiedlicher Durchmesser in entsprechende Löcher stecken.

Entwicklungsgesetze
Montessori versteht das Kind als ein sich nach inneren Gesetzen entwickelndes Individuum. Das bedeutet, das Kind muß von sich aus ak-

tiv werden, eigene Ideen und Fähigkeiten entwickeln und sich eigene Ziele setzen. Der Erwachsene mit seinen Erziehungsabsichten stört eher. Die Aufgabe der Erzieherin ist, einen Raum zu schaffen, in dem sich die Kinder frei und individuell entfalten können: die «vorbereitete Umgebung».

Gestaltete Umwelt
Die Raumgestaltung des gesamten Kinderhauses bietet dem Kind unterschiedliche Anregungen für sein eigenständiges und individuelles Spiel – und damit für die Entwicklung seiner Fähigkeiten. Die Ausstattung ist so geschaffen, daß die Kinder zu allem freien Zugang haben. Großen Wert wird auf die Bewältigung alltäglicher Lebenssituationen gelegt, z. B. Brotbacken, Tierhaltung

Ordnung und Disziplin
Montessori-Einrichtungen geben im Ganzen und im Detail, also auch in der Tagesgestaltung, eine klare Ordnung vor. Von den Kindern wird erwartet, diese Ordnung zu respektieren. Sie soll dem Kind helfen, sein eigenes inneres Chaos gestalten zu lernen.

Ruhe – Stille – Meditation
Die Stille gehört nach Montessoris Überzeugung zum menschlichen Dasein. «Übungen der Stille» sollen dem Kind helfen, seine Aufmerksamkeit auf Dinge zu richten, die im alltäglichen Gruppengeschehen unbeachtet bleiben: sich selbst wahrnehmen, die Geräusche in der Umgebung hören. Es werden Angebote zu Meditationen gemacht, die wertvolle Vorübungen der christlichen Religionspädagogik sind – zumal Montessori ihr Bild vom Kind in der Pädagogik ausdrücklich religiös begründet hat.

Pädagogisches Nichtstun
Im Mittelpunkt der Erziehung steht das Kind. Die Erzieherin versteht sich als seine Begleiterin und Förderin, aber sie achtet die Selbständigkeit des Kindes. Was bedeutet das für die tägliche Arbeit? In detaillierten Beobachtungsbogen vermerkt sie die Fortschritte und Rückentwicklungen eines jeden Kindes. Diese geben ihr Hinweise, welche

«Hilf mir, es selbst zu tun»

Unterstützung das Kind benötigt. Hauptaufgabe der Erzieherin ist, die Umwelt des Kindes gezielt und anregend vorzubereiten und ihm zu helfen, wenn es allein nicht weiter kommt.

Kritische Fragen an das Montessori-Konzept

Bevor Sie Ihr Kind in einem Montessori-Kindergarten anmelden, sollten Sie sich folgende Fragen stellen:

- Maria Montessori hat ihre Materialien im Umgang mit italienischen Kindern aus belasteten sozialen Verhältnissen Anfang dieses Jahrhunderts entwickelt. Ist es sinnvoll, sie noch heute in das Spielangebot aufzunehmen? Müßte nicht konsequenter gefragt werden, was Kinder *heute* brauchen?
- Haben Kinder heute nicht viel zu viele Spielangebote, die durchkonstruiert sind? Benötigen sie nicht eher Angebote, die ihre Krea-

tivität fördern und ihre sozialen Fähigkeiten im Spiel mit jüngeren und älteren Kindern entwickeln?
- Hauptziel der Pädagogik von Montessori ist die individuelle Entwicklung. Sie rangiert deutlich vor der Sozialerziehung. Ist diese Prioritätensetzung heute noch richtig?
- Ermöglichen die klaren Raum- und Materialangebote wirklich eine selbständige Entwicklung, oder fördern sie eher eine versteckte Erziehung zur Anpassung?
- Welche freie Wahl hat das Kind wirklich, um seinen Fragen und seiner Neugier nachzugehen?
- Brauchen Kinder nicht auch Erwachsene, die sich mit ihnen in aktuellen Erlebnissen auseinandersetzen und nicht nur Beobachterinnen sind?
- Wie werden die Eltern in diese Arbeit einbezogen?
- Welche Außenkontakte werden den Kindern ermöglicht? Wie wird das Lebensumfeld der Kinder einbezogen?

Bücher zum Weiterlesen

TPS – Theorie und Praxis der Sozialpädagogik extra 28: Montessori-Pädagogik konkret, Seelze 1997

Kramer, Rita: Maria Montessori. Leben und Werk einer großen Frau, Frankfurt 1995

Montessori, Maria: Kinder lernen schöpferisch. Die Grundgedanken für den Erziehungsalltag mit Kleinkindern, Freiburg 1995

Der Reggio-Kindergarten

Der pädagogische Ansatz der Reggio-Pädagogik stammt aus der Kommune Reggio/Emilia in Norditalien. Die Pädagoginnen beschreiben ihre Arbeit als eine «Pädagogik des Werdens». Diese basiert auf der Grundannahme, daß die geistigen Fähigkeiten eines Kindes

Kreatives Malen im Reggio-Kindergarten

sich in Wechselbeziehung zu seiner Umwelt entwickeln. Das Kind als aktiver Lerner nimmt Reize und Informationen seiner Umgebung auf und formt sie entsprechend seiner Altersstufe um.

Entsprechend dem einzelnen Kind steht auch die gesamte Einrichtung in einem ständigen Austausch mit dem soziokulturellen Umfeld und muß deshalb gesellschaftliche Veränderungen wahrnehmen. Geistiger Vater dieser Pädagogik ist Loris Malaguzzi. Gemeinsam mit Mitarbeitern und Pädagoginnen der Kommune und der städtischen Kindertagesstätten in Reggio / Emilia hat er dieses Konzept entwickelt. Allerdings ist dieser pädagogische Ansatz, der oft als Weiterführung des Situationsansatzes gesehen wird, nur dann vollständig nachzuvollziehen, wenn man die Kombination von Pädagogik und Kommunalpolitik betrachtet.

Grundlegende Prinzipien der Reggio-Pädagogik

Das Bild vom Kind

Das Kind wird von Anfang an als ein eigenständiger Mensch gesehen, der sich mit Personen und Dingen seiner Umgebung auseinandersetzt. Ihm wird von klein auf die Fähigkeit zugesprochen, in Austausch mit anderen treten zu können.

Lernansatz

Mit seiner Kontaktfähigkeit, seinen Fragen, seiner Wahrnehmungs- und Beobachtungsgabe erschließt sich das Kind seine Umwelt. Es lernt Zusammenhänge zu verstehen, Veränderungen zu erkennen, zwischen Bekanntem und Neuem zu unterscheiden. Das Kind geht seinen Fragen nach und sucht nach Lösungen, indem ihm angeboten wird zu forschen, zu beobachten, mit allen Sinnen etwas wahrzunehmen. In diesem Lernprozeß gewinnt das Kind auch ein Bild von sich selbst, erkennt Ähnlichkeiten und Unterschiede zwischen sich und anderen und findet so seine eigene Identität.

Raumgestaltung

Damit die Kinder die Möglichkeit zur aktiven Auseinandersetzung und zum Lernen mit allen Sinnen haben, sind die Räume in den Kindergärten entsprechend gestaltet. Da gibt es ganze Kinderwerkstätten oder auch Ecken zum Werken, Malen, Beobachten, Forschen, Experimentieren und Konstruieren. Es gibt Räume mit unterschiedlichen Einblicken und Ausblicken. Das Mobiliar ist so konstruiert, daß sich die unterschiedlichsten Spiellandschaften zum Klettern, Rutschen, Bauen, Schaukeln und Sich-Zurückziehen herstellen lassen.

Rolle der Erzieherinnen
In der Reggio-Pädagogik sollen Kinder nicht erzogen werden. Das Kind lernt in der Beziehung zu anderen Kindern, zu Erwachsenen und zu seiner gesellschaftlichen Umwelt. Die Rechte der Kinder stehen im Vordergrund, da der Erziehungsprozeß gekennzeichnet ist von Planen, Ausprobieren, Antworten auf eigene Fragen finden, nach Bestätigung suchen und etwas wiederholen können. Die Erzieherin hat die Aufgabe, den unterschiedlichen «Sprachen» (d. h. Wahrnehmungs- und Ausdrucksmöglichkeiten) der Kinder zum Ausdruck zu verhelfen. Es ist ihre Aufgabe, sich Zeit zu nehmen, jedem Problem, jeder Frage Beachtung zu schenken und das eigene Lerntempo eines Kindes zu berücksichtigen.

Personelle Aspekte
Da die Kinder ganz unterschiedliche Angebote für unterschiedliche Ausdrucksformen erhalten sollen, braucht es Pädagoginnen mit unterschiedlichen Fähigkeiten. In Reggio / Emilia sind das Werkstattleiterinnen (Kunstpädagoginnen). In hiesigen Kindergärten, die die Ideen der Reggio-Pädagogik aufgreifen, haben die Erzieherinnen oftmals eine Zusatzausbildung als Spielpädagogik, oder sie beauftragen Honorarkräfte, um die Arbeit durch vielfältige Angebote zu erweitern. Seit einiger Zeit gibt es auch eine spezielle Weiterbildung in Reggio-Pädagogik.

Elternbeteiligung
Die starke Einbindung der Eltern und wichtiger Persönlichkeiten des Gemeinwesens ist Bestandteil der Konzeption. Schließlich öffnet sich die Arbeit mit den Kindern nach außen in den Stadtteil. Eltern sind in hohem Maße an der Entscheidung des Kindergartens beteiligt. Dabei unterstützen sie die Interessen der Kinder und fördern im Rahmen ihrer Möglichkeiten die Umsetzung der aktuellen Wünsche und Bedürfnisse der Kinder. Das bedeutet auch, daß die Eltern über die aktuelle Arbeit im Kindergarten informiert werden und anhand von Plakaten erfahren, was ihre Kinder gerade beschäftigt. Fotos und Arbeiten der Kinder im Eingangsbereich geben Einblick in die Arbeit. Dementsprechend sind die Eltern aufgefordert, die Erzieherinnen

über aktuelle Ereignisse in der Familie zu informieren, damit diese auf die Wünsche, Interessen, Sorgen und Freuden der Kinder eingehen können.

Abschließend sei gesagt, daß die Einbeziehung der Ideen aus der Reggio-Pädagogik hierzulande ganz unterschiedlich geschieht. Manchmal sind es einzelne Elemente, vor allem die ästhetischen Ausdrucksformen. Der gesamte Bereich der Wahrnehmungspädagogik, der Kommunikation und der kommunalpolitischen Einbettung wird meist nicht übernommen.

Kritische Fragen an die Reggio-Pädagogik

Bevor Sie Ihr Kind in einem Kindergarten anmelden, der nach der Reggio-Pädagogik arbeitet, sollten Sie sich folgende Fragen stellen:

- Sind die Erzieherinnen informiert über den (fach)politischen Hintergrund dieses pädagogischen Konzeptes, oder wird lediglich eine Variante der ästhetischen Erziehung kopiert?
- Werden auch tatsächlich Künstler, Handwerkerinnen und andere Fachleute in die Arbeit des Kindergartens einbezogen, oder glaubt die Erzieherin, alles alleine machen zu können?
- Wie wird die weitgehend altershomogene Zusammensetzung der Gruppen unter hiesigen und heutigen Bedingungen legitimiert?
- Welche Fragen der Kinder werden wahrgenommen, welche nicht beachtet?

Bücher zum Weiterlesen

Dreier, A.: Was tut der Wind, wenn er nicht weht?, Begegnungen mit der Kleinkindpädagogik in Reggio / Emilia, Berlin 1993

Kazemi-Veisari, E.: Reggio-Pädagogik. Lebendiger Dialog zwischen Erwachsenen und Kindern, Kindergarten heute spezial, 1996

Der «offene» Kindergarten

Diese Konzeption, die in den 80er – und 90er – Jahren Verbreitung fand, geht davon aus, daß ein Kindergarten für alle Kinder offen sein muß. So begannen z. B. vielfältige Initiativen sich dafür einzusetzen, daß behinderte und nichtbehinderte Kinder gemeinsam aufwachsen können. Dies wurde besonders in Niedersachsen durch Forschungsprojekte im Kindergarten- und Sonderkindergartenbereich weiterentwickelt.

Eine andere Wurzel liegt im Situationsansatz (s. a. S. 74 ff.). Weil die veränderten Lebensbedingungen der Kinder im Mittelpunkt stehen, wird auf die zunehmende Einschränkung der Bewegungsfreiheit reagiert. In Kindergärten wenigstens sollen sich die Kinder frei und unbegrenzt bewegen können.

Das Konzept des Offenen Kindergartens geht von einem Menschenbild aus, welches das Kind als Akteur seiner Entwicklung versteht. Das bedeutet, Kinder wollen die Welt kennenlernen, sich mit anderen Menschen auseinandersetzen, gemeinsam etwas erfahren und erleben. Es wird ihnen unterstellt, neugierig auf ihr soziales Umfeld zu sein und eigene Entwicklungsschritte gehen zu wollen.

Die zweite Grundannahme besagt, daß kein Mensch von Natur aus schlecht ist. So brauchen Kinder liebevolle Bezugspersonen, die ihnen eine eigenständige Entwicklung zumuten und zutrauen. Im Kindergarten bedeutet dies für die Erzieherinnen, für die Kinder dazusein, wenn sie gebraucht werden, ihnen Unterstützung bei ihren Entwicklungsschritten zu geben und bereit zu sein, vielfältige Anregungen zu bieten. Eine dritte Komponente dieses Ansatzes ist, daß Kinder in sich die Kräfte zur Selbstgestaltung ihrer Entwicklung haben. Jedes Kind will von sich aus groß werden und sich weiterentwickeln. Es hat Interesse an allem Neuen, es will alles ausprobieren und anfassen, und es möchte begreifen, wie etwas funktioniert. Es experimentiert, ahmt nach, probiert seine eigenen Fähigkeiten und Fertigkeiten aus und entwickelt sie weiter.

Die Erzieherin ist nicht die «Macherin» kindlicher Entwicklung. Sie unterstützt, fördert die Kinder in ihren Ideen und hilft ihnen, ihre

Gedankenaustausch im offenen Kindergarten

Schritte eigenständig zu gehen. Dabei erhalten die Kinder Anerkennung und Stärkung ihrer Person und Achtung ihrer Fähigkeiten und Fertigkeiten.

Einige Prinzipien des Offenen Kindergartens

Altersübergreifendes Lernen
Die Kinder finden sich in von ihnen selbst gewählten Spielgruppen zusammen, um dort ihren Fragen, ihrer Spielidee oder ihrer selbst gewählten Aufgabe nachzugehen.

Gruppenzusammensetzung
Es gibt keine Aufteilung der Kinder in feste Gruppen. Da die Kinder selbst entscheiden, womit sie sich an einem Tag beschäftigen wollen, entstehen immer wieder neue Gruppenstrukturen. In der Regel haben die Kinder im Laufe des Tages eine kleine Bezugsgruppe von

ca. 12 bis 15 Kindern und ein bis zwei Erzieherinnen, mit denen sie gemeinsam ihren Tag planen.

Raumgestaltung

Es gibt keine Gruppenräume im herkömmlichen Sinne mehr. Die vorhandenen Räume sind in Funktions- oder Spielräume und Erlebnisbereiche gegliedert. Da gibt es Räume:

- zum Gestalten, Malen, Basteln, Werken,
- zum Bauen, Konstruieren und Reparieren für kaputtes Spielzeug (in einer «Werkstatt»),
- zum Bewegen, vielfältigen Ausprobieren körperlicher Geschicklichkeiten und die eigenständige Nutzung einer «Bewegungsbaustelle»,
- zum Ruhen, Lesen, für Wahrnehmungserfahrungen, Meditation, Zeit für Fragen nach dem Sinn des Lebens und Rückzug,
- zum Theaterspielen, Sich-Verkleiden und Schminken,
- zum Werken mit unterschiedlichen Materialien und zum Arbeiten mit Ton,
- zum Musizieren, Singen und Geschichten-Hören, -Erfinden und -Vertonen, für gemeinsame religionspädagogische Erfahrungen
- zum Essen und Feiern (in einer Cafeteria),
- zum Spielen und Toben im Außengelände, das in verschiedene Spiel- und Erlebnisbereiche aufgeteilt ist.

Freiheit der Wahl

Die Kinder entscheiden, was und wo sie spielen möchten und mit wem sie das tun. Das setzt voraus, sich kundig zu machen, welche Angebote, Aktionen oder auch aktuelle Spielmöglichkeiten zur Wahl stehen. In der Regel haben sie zu Beginn eines Tages die Gelegenheit, sich zu orientieren.

Rolle der Erzieherin

Sie gibt den Kindern Unterstützung und individuelle Hilfe bei der Entwicklung ihrer Ideen und Fähigkeiten. Dabei achtet sie darauf, daß die Kinder die erforderlichen Materialien erhalten bzw. gemeinsam dafür sorgen. Sie ist Bezugsperson für bestimmte Kinder, wobei die Kinder die Wahl der Bezugsperson auch selbst treffen können.

Sie organisiert nach Absprache der Kinder Angebote und Aktionen im Tagesablauf, die von den Kindern frei gewählt werden können. Damit sie die aktuellen Interessen und Bedürfnisse von einzelnen Kindern aufgreifen kann, gibt es auch hierfür Angebote, z. B.: Kinderkonferenzen oder Kinderparlamente, in denen Kinder ihre Wünsche oder Beschwerden einbringen.

Die Erzieherin ist Beobachterin, um die einzelnen Kinder in ihrer Entwicklung wahrzunehmen, Konflikte der Kinder untereinander zu erkennen und aktuelle Ereignisse in der Familie, wie Geburtstage, aufgreifen zu können.

Kooperation der Erzieherinnen
Eine klare organisatorische Struktur ist Grundvoraussetzung für: die Planung und Organisation der Arbeit, den Austausch über aktuelle Beobachtungen, die kritische Reflexion der Arbeit mit den Kindern in den einzelnen Spielbereichen und die Klärung, wie mit momentanen Konflikten einzelner Kinder oder Kindergruppen umgegangen werden soll.

Elternarbeit und Öffnung nach außen
Die Eltern werden in die Arbeit einbezogen und auch daran beteiligt. Sie benötigen ein hohes Maß an Information über die Arbeit mit den Kindern. Die Erzieherinnen berücksichtigen die Lebensbedingungen der Familien. Dementsprechend werden auch die Öffnungszeiten des Kindergartens immer wieder daran angepaßt. Zugleich öffnet sich der Kindergarten mit seinen Aktionen in das umgebende Wohngebiet und nimmt Kontakte zu anderen Institutionen im Stadtteil auf.

Kritische Fragen an das «Offene Konzept»

Bevor Sie Ihr Kind in einem Kindergarten anmelden, der ein «offenes Konzept» vertritt, sollten Sie sich folgende Fragen stellen:

- Die Kinder haben die Fähigkeit, ihre Entwicklung selbst zu bestimmen. Wie gelingt es den Erzieherinnen, den Kindern individuelle Hilfen und Unterstützungen zu geben? Besteht nicht auch die Gefahr, daß die Kinder nur sehr speziellen Interessen nachgehen und sich ihr Blick für andere Möglichkeiten nicht öffnet?

- Je nach Größe einer Einrichtung kann die Orientierung, was sich wo befindet, für Kinder schwierig sein. Welche Möglichkeiten gibt es besonders für die jüngsten Kinder, sich zurechtzufinden und wirklich selbst wählen zu können?
- Kinder machen unterschiedliche Gruppenerfahrungen, aber in der Regel in kleinen Gruppen. Welche Möglichkeiten erhalten sie, um sich in größeren Gruppen zurechtzufinden, denn in der Schule werden sie ja auch im großen Klassenverband lernen?
- Durch diese offene Struktur können Kinder unbequemen Beziehungen oder problematischen Situationen aus dem Weg gehen, zurückhaltende Kinder werden wenig animiert werden, Freundschaften aufzubauen, und die Kinder lernen nicht, Schwierigkeiten miteinander zu lösen. Kritiker dieser Konzeption befürchten, daß Kinder zu wenig lernen, Beziehungen dauerhaft zu gestalten. Was unternehmen die Erzieherinnen, um Freundschaftsbeziehungen zu unterstützen und Konfliktlösungsmöglichkeiten zu vermitteln?
- Wenn Kinder hohe Kompetenzen erwerben, eigene Entscheidungen zu treffen, und gelernt haben, ihren Interessen nachzugehen, was fördert dann ihre Fähigkeit, sich auch auf andere Kinder und deren Interessen oder Behinderungen einzustellen? Werden sie nicht zu egoistischem Verhalten erzogen?
- Wie gelingt es den Erzieherinnen, gemeinsame Entscheidungen zu treffen, bei denen Kinder auch lernen, zugunsten anderer ihre Wünsche zurückzunehmen?

Bücher zum Weiterlesen

Kühne, Th.,/Regel, R.: Erlebnisorientiertes Lernen im offenen Kindergarten, Hamburg 1996

Der offene Kindergarten in evangelischen Tageseinrichtungen für Kinder (zu bestellen beim Diakonischen Werk der Ev.-luth. Landeskirche Hannover e. V., Ebhardtstr. 3 A, 30159 Hannover)

Neue «Orte für Kinder»

Gute Kindergartenarbeit nimmt Rücksicht auf veränderte Lebensbedingungen der Familien, auf Entwicklungen in der Arbeitswelt und den Lebensumwelten. Gute Pädagoginnen versuchen dabei immer auch, die Interessen der Kinder zu vertreten und nicht nur einer Anpassung an Erwachsenenwelten Vorschub zu leisten. Trotzdem müssen sich Angebotsstrukturen heutiger Kindergärten verändern. So wird zum Beispiel der klassische Kindergarten mit Mittagsschließung bald der Vergangenheit angehören, weil er einfach nicht mehr den Bedürfnissen der meisten Familien entspricht.

Erzieherinnen, Eltern und Trägervertretungen müssen sich also mit den aktuellen gesellschaftlichen Veränderungen befassen. Dazu zählen in erster Linie der Wunsch nach der Vereinbarkeit von Familie und Beruf und die Veränderung der Arbeitszeiten der Eltern (durch verlängerte Wochenendarbeit, Fortbildungen und Umschulungen). Auswirkungen von Arbeitslosigkeit und Armut bei Kindern und Familien, erhöhte Bildungsforderungen im schulischen und beruflichen Alltag sind ebenfalls wahrzunehmen. Die Öffnungszeiten der Kindergärten müssen sich dem anpassen, Ganztagsangebote mit Mittagessen, Versorgung von Kindern unter drei Jahren und über sechs Jahren werden zunehmend gefordert. Rücksicht auf berufstätige Eltern mit flexiblen Arbeitszeiten (z. B.: drei Tage die Woche) oder großer Mobilität (beim Saisonarbeiter wie bei der Gastprofessorin) sind nötig.

In einem westdeutschen Modellprojekt «Orte für Kinder» wurden maßgeschneiderte Angebote für Kinder und ihre Familien entwickelt. Zum Teil gingen sie aus Mütterzentren hervor, zum Teil entstanden sie in enger Kooperation mit Betrieben. Auch in Ostdeutschland gibt es aufgrund einer anderen Tradition öffentlicher Verantwortung für Kindererziehung interessante Angebote.

Kein Kindergarten gleicht heute mehr einem anderen. Wichtig ist die Paßgenauigkeit für die Familien, die ihr Kind in einen bestimmten Kindergarten bringen wollen.

Finden Sie im Gespräch mit den Erzieherinnen und den Elternver-

Babys brauchen viel Zeit

treterinnen heraus, welcher Kindergarten für Sie geeignet ist. Vergessen Sie dabei allerdings nie, daß es letztendlich um ihr Kind geht, um sein Leben.

Ein Beispiel aus einer Kirchengemeinde

Im Rahmen eines kirchlichen Modellprojektes unternahm eine Kirchengemeinde eine Umfrage bei den Familien im Dorf. Es wurde ermittelt, wie sich ihre Lebenssituation darstellt und welche Erwartungen sie an die Kirchengemeinde und die Kinderbetreuung haben. Auf die Frage, was ihnen besonders wichtig ist, wenn sie ihre Kinder in den Kindergarten schicken, stand an oberster Stelle, daß ihre Kinder mit Spielkameraden zusammen sind, sie soziales Verhalten einüben und in ihrem Selbstbewußtsein gefördert werden. Die Mütter vor allem nannten Kontakte zu anderen Eltern an vorderster Stelle.

In einem längeren Prozeß entwickelte sich ein neues Konzept für die Förderung von familien- und generationsübergreifenden Kontakten. Dabei entstand über den Zeitraum von drei Jahren eine Kooperation zwischen den Fachkräften des Kindergartens, der Kirchengemeinde und ehrenamtlichen Personen aus der Elternschaft und der Gesamtgemeinde. Es entwickelte sich ein Nachbarschaftszentrum in den Räumen des Kindergartens und der Kirchengemeinde. So entstanden unterschiedliche Angebote für Kinder und Erwachsene: ein Singkreis, ein Alleinerziehendentreff, ein Frauenfrühstück, eine Gruppe für die Planung von Familiengottesdiensten, das Angebot verlängerter Kinderbetreuungszeiten, eine Cafeteria, ein Bastelkreis, eine Kinderquatschgruppe, eine Krabbelgruppe, das Feiern von Kindergeburtstagen im Kindergarten, ein Gesprächskreis zur Schule, ein Familienbüro für Anfragen aller Art, ein Väterstammtisch.

Wichtig war, daß hauptamtlich Angestellte und Ehrenamtliche gemeinsam planten und entschieden, welche Angebote von welchen Personen eigenverantwortlich oder mit Unterstützung und Beratung entwickelt werden konnten.

Kritische Fragen an maßgeschneiderte Orte für Kinder

Falls Sie die Möglichkeit haben sollten, für Ihr Kind und sich einen «Ort für Kinder» schaffen zu können, sollten Sie sich folgendes fragen:

- Wie können sich Kinder und Familien angemessen informieren und eigene Erwartungen einbringen und verwirklichen?
- Wie wird mit der Vielfalt und Unterschiedlichkeit familiärer Bedürfnisse und Wünsche umgegangen?
- Was können alle Beteiligten tun, damit die Erzieherinnen und die ehrenamtlichen Kräfte nicht überfordert werden?
- Ein Nachbarschaftszentrum bedeutet eine Steigerung der Lebensqualität der Familien. Wie gelingt es, die Arbeit auf viele Schultern zu verteilen, und wer trägt die Hauptverantwortung?
- Der Einbezug von ehrenamtlich Tätigen im Gemeinwesen ist ein wichtiges Element, um die vielfältigen Kenntnisse und Fähigkeiten wirksam werden zu lassen. Welche finanziellen und materiellen Fördersysteme werden zur Verfügung gestellt?

Bücher zum Weiterlesen

Deutsches Jugendinstitut (Hrsg.): Orte für Kinder. Auf der Suche nach neuen Wegen in der Kinderbetreuung, München 1994
Heller, E.: Etwas unternehmen. Kinder und Erzieherinnen entwickeln Eigeninitiative, Praxisreihe Situationsansatz, Ravensburg 1998

Der Waldkindergarten

Vor etwa dreißig Jahren wurden in Dänemark die ersten Waldkindergärten gegründet. Es gibt unterschiedliche Formen dieses Angebotes, das sich hier bei uns neuerdings großer Beliebtheit erfreut. Einige Kindergärten ziehen in den Sommermonaten mit den Kindern täglich in den Wald. Andere Projekte haben ihren Standort in einem Waldgebiet das ganze Jahr über geöffnet.

In Wiesbaden gab es bereits in den 70er Jahren einen «Waldkindergarten» (der zunächst nicht so hieß), mittlerweile gibt es ca. 30 Kindergärten dieser Art. Sie variieren von Ort zu Ort. In Wiesbaden z. B. verbringt eine Erzieherin bei Wind und Wetter mit einer Gruppe von ca. 15 Kindern jeweils drei bis vier Stunden den Vormittag mit Wandern, Spielen und Naturerkundungen.

Andere haben mit Hilfe des Gemeinderates und des zuständigen Försters ein bestimmtes Waldgebiet reserviert bekommen. Dort steht in der Regel ein Bauwagen, der bei schlechtem Wetter ein Dach über dem Kopf bietet.

Eine andere Gemeinde hat mit den Erzieherinnen beschlossen, am Vormittag eine «Naturkindergruppe» und am Nachmittag die Räume des Kindergartens anzubieten.

Sehr verbreitet ist, daß die Erzieherinnen eines konventionellen Kindergartens einmal wöchentlich einen Ausflug in einen nahegelegenen Wald machen.

Mit solchen Angeboten sollen Kindern neue Möglichkeiten geboten werden, seelische und motorische Defizite abzubauen. Denn Kinder können ihren natürlichen Bewegungsdrang heute meist nicht

Ein Lager im Wald(kindergarten)

mehr ausleben und deshalb auch keine kreativen Spielideen mehr entwickeln.

Engagierte Erzieherinnen sehen die Vorzüge des Waldkindergartens so: Die Natur bietet Kindern fast unbegrenzten Raum, sich frei zu bewegen, zu lachen, auszuprobieren, zu experimentieren, zu forschen, zu lernen, zu schaufeln, scharren und bohren. Die Körpererfahrungen im Waldkindergarten führen zur realistischen Einschätzung eigener Kräfte und Grenzen und wandeln die Potentiale kindlicher Aggression in Kreativität um.

Kritische Fragen an die Waldkindergärten

Bevor Sie Ihr Kind in einem Waldkindergarten anmelden, sollten Sie sich folgende Fragen stellen:

- Waldkindergärten sind noch selten und ermöglichen deshalb nur wenigen Kindern die Erfahrung, den Vormittag in der freien Natur zu verbringen.
- Wie läßt sich diese Kindergartenform mehr Kindern zugänglich machen?
- Lange Anfahrtswege und die zeitliche Begrenzung auf eine drei- bis vierstündige Betreuungszeit schließt Kinder von berufstätigen Eltern aus. Ist das so gewollt?
- Eigentlich haben alle Kindergartenkonzeptionen das naturnahe Spiel anzubieten und Entdeckungsdrang von Kindern zu berücksichtigen. Besteht nicht ein Widerspruch, daß die tatsächlichen Rahmenbedingungen für Kindertageseinrichtungen jedem Kind höchstens 6 qm Außenspielfläche zubilligen, aber gleichzeitig Waldkinderprojekte belobigt werden?
- Werden bei einer Konzentration auf Naturerfahrung nicht viele andere, ebenso wichtige Bereiche vernachlässigt: Wie wird z. B. der Übergang in die Schule angemessen gestaltet?

Hervorzuheben ist, daß die Idee des Waldkindergartens alle Verantwortlichen in den Kommunen aufruft, bei Stadt- und Gemeindebebauungsplanungen die Interessen von Kindern an wohnortnahen

Spiel- und Erlebnisorten einzuplanen. Gleichzeitig sollten Eltern und Erzieherinnen es unterstützen und fördern, wenn Kinder bei jedem Wetter einen großen Teil des Tages im Außengelände spielen und vielfältige Unternehmungen im nahegelegenen Wald realisieren möchten. Statt teuerer Fahrten mit Kindern zu großen Vergnügungsparks könnte die Idee wohnortnaher Waldprojekte im Vordergrund stehen.

Bücher zum Weiterlesen

TPS – Theorie und Praxis der Sozialpädagogik, extra 25, Hoppe, J. R., Merkert, C.: Waldkindergarten, Seelze 1996

Sandhof, K. / Stumpf, B.: Mit Kindern in den Wald. Walderlebnishandbuch. Planung, Organisation und Gestaltung, Münster 1996

Der spielzeugfreie Kindergarten

Alltagserfahrungen in Familien zeigen, daß die Kinderzimmer mit Spielzeug überfüllt sind. Trotzdem spielen Kinder nicht mehr oder besser als früher, geschweige denn ausdauernder. Ganz im Gegenteil klagen Erzieherinnen, Lehrerinnen und Eltern darüber, daß Kinder immer weniger in der Lage sind, sich für eine gewisse Zeit auf eine Sache, ein Thema oder eine Aktion zu konzentrieren. Die Gründe liegen auf der Hand: Es gibt immer neue Spielsachen und Spielideen, und das Fernsehprogramm läßt Kindern kaum noch Zeit, eigene Erfahrungen und Abenteuer zu machen. Kinder sind heute gereizt, sie reagieren auf das Überangebot in ihrem Lebensumfeld mit ersten Streßanzeichen.

Deshalb ist es keine Überraschung, daß die ersten Versuche von Erzieherinnen, über längere Zeit ohne Spielzeug auszukommen, auf breite Resonanz in der Öffentlichkeit stießen. Die Idee des spielzeugfreien Kindergartens geht allerdings noch tiefer: Kinder müssen in einem Umfeld aufwachsen, das ihnen entsprechend ihrem Alter seelisches, körperliches und soziales Gleichgewicht bewahren hilft. Und sie müssen lernen, sich in unterschiedlichen Lebenssituationen kompetent und selbstbewußt zu verhalten. Dann sind sie weniger gefährdet, in Abhängigkeiten jedweder Art zu geraten. «Kinder stark machen» heißt dementsprechend ein Slogan der Bundeszentrale für gesundheitliche Aufklärung zur Suchtaufklärung von Eltern. Ähnlich definiert die Weltgesundheitsorganisation (WHO) die Voraussetzung für Gesundheit: «Um ein umfassendes, körperliches, seelisches und soziales Wohlbefinden zu erlangen, ist es notwendig, daß sowohl einzelne, als auch Gruppen ihre Bedürfnisse befriedigen, ihre Wünsche und Hoffnungen wahrnehmen und verwirklichen sowie ihre Umwelt meistern bzw. verändern können.»

Bereits in der Darstellung des situationstheoretischen Ansatzes (s. S. 74 ff.) haben Sie erfahren, wie wichtig manche pädagogischen Ziele für die Entwicklung der Identität sind: z. B. eigenständiges Lernen, selbständig Entscheidungen treffen können, sich sozial kompetent verhalten und mit anderen gemeinsam nach Lösungen suchen.

Kinder mit mangelndem Selbstbewußtsein sind aufgrund dieses Mangels auf der Suche nach einem Ausgleich, einem Ersatz, nach mehr, mehr, mehr. Und genau an diesem Punkt entsteht heute, in einer Welt des Überflusses, ein großes Problem. Die Konsumgesellschaft vermittelt Kindern, alles *haben* zu müssen, statt etwas zu tun – und läßt damit wenig Freiraum für eigene Unternehmungen und für eine eigene Gestaltung der zur Verfügung stehenden Zeit. Das Konzept «Spielzeugfreier Kindergarten» geht davon aus, daß weniger Spielzeug und weniger materielle Reize mehr Entscheidungsfreiheit für die Kinder und mehr Spielaktion bedeutet. Und tatsächlich kann der spielzeugfreie Kindergarten so etwas zur Suchtvorbeugung beitragen.

Einige Prinzipien des spielzeugfreien Kindergartens

Mitsprache der Kinder

Gemeinsam mit den Kindern und nach Rücksprache mit den Eltern überlegen Erzieherinnen, auf welche Spielmaterialien im Kindergartenalltag verzichtet werden kann – und auf welche auf keinen Fall. Dabei klären die Kinder im Gespräch, welche Spiele sie besonders gerne machen und was sie dazu brauchen.

Ein Projekt für eine gewisse Zeit

In einigen Kindergärten findet eine spielzeugfreie Zeit über einen begrenzten Zeitraum (ca. drei Monate) statt. Danach überlegen alle gemeinsam, was man wieder braucht und was weggegeben werden kann. Dies wird von Zeit zu Zeit wiederholt.

Selbsttätigkeit der Kinder

Zentral ist, daß die Kinder nicht autoritär verpflichtet werden, auf Spielzeug zu verzichten, sondern daß es eine gemeinsame Entscheidung von Erwachsenen und Kindern ist auch wenn die Initiative meist von den Erzieherinnen ausgeht. Ein diktierter spielzeugfreier Raum, der nicht mit einem Zuwachs an Entscheidungsfreiheit und Selbständigkeit von Kindern einhergeht, bringt höchstens das Gefühl von Mangel hervor und nicht den Genuß neuer Freiheiten.

Zunächst entsteht oft Leere

Eine ungewöhnliche Zeit beginnt für Kinder und Erzieherinnen. Denn nun sind Eigeninitiative und Ideenreichtum, Gespräche, Erzählen und Sich-etwas-Ausdenken, Kreativität und Forscherdrang gefragt. Meist gelingt es den Kindern schon bald, selbst Akteure zu sein. Das Spiel drinnen wie draußen wird ideenreicher. Werden Materialien benötigt, so stehen sie im Zusammenhang mit dem aktuellen Spiel und müssen von den Kindern beschafft oder aus Vorhandenem umfunktioniert werden.

Kinder verfügen über mehr Zeit und Raum

Die noch vorhandenen Möbel, Decken, Kissen, Teller und Tassen sowie die unfertigen Materialien lenken die Kinder nicht von ihren Ideen ab. Denn jetzt regen nicht die Spielmaterialien die Kinder an, sondern die Ideen der Kinder bestimmen, was zum Spiel benötigt wird. Es gibt viel Zeit – für ein langes Gespräch, in dem neue Gedanken sich entwickeln können, zum Zusammensitzen, um in Ruhe miteinander zu essen, für Unternehmungen, um das eigene Spiel zu zelebrieren. Dabei benötigt die Erzieherin die Fähigkeit, sich nicht vorschnell einzumischen, sondern die Leere und das erste «Nichtstun» der Kinder auszuhalten. Sie ist nicht – mehr – die Animateurin der Kinder.

Kein Spielzeug? Wir haben doch Hände!

Sollte Ihr Kindergarten mit einem solchen Ansinnen auf Sie zukommen, hoffen wir, Ihnen Kriterien vorgestellt zu haben, auf deren Basis Sie sich an der Planung und Realisierung beteiligen können. Denn nicht nur Kinder können von einem solchen Projekt profitieren. Auch wir Erwachsenen können einen Zuwachs an Erfahrungen und Perspektiven bekommen, wie wir unser Leben selbstbestimmter und mit «Weniger ist mehr» gestalten könnten.

Bücher zum Weiterlesen

«Spielfreier Kindergarten» – Ein Projekt zur Suchtprävention für Kinder und mit Kindern, zu bestellen bei Aktion Jugendschutz Bayern e. V., Fasaneriestr. 17, 80636 München

Becker-Textor, I., Schubert, E., Stoick, R.: Spielzeugfreier Kindergarten. Freiburg 1997

Auswahlkriterien – Checkliste für Sie

Nach soviel unterschiedlichen pädagogischen Ansätzen, Konzepten und Moden ist es für Sie sicherlich nicht einfach zu entscheiden, welcher Kindergarten der beste für Ihr Kind ist. Daß die genannten pädagogischen Ansätze in der Kindergartenpraxis kaum in Reinform zu finden sind, macht die Wahl auch nicht einfacher.

Deshalb haben wir eine kleine Checkliste entwickelt, die Ihnen helfen soll, das für Sie Wesentliche herauszufinden und als Entscheidungskriterium anzuwenden. Auch bei einer Konzeptionsdebatte im Kindergarten Ihrer Wahl können diese Fragen einen Weg durch den Dschungel zeigen. Falls Sie noch Fragen haben sollten, die wir nicht thematisiert haben: Scheuen Sie sich nicht, diese im Kindergarten Ihrer Wahl zu stellen:

Welche drei pädagogischen Ziele sind mir für mein Kind am wichtigsten:

____

____

____

Welche Erzieherin wünsche ich mir für mein Kind? Sie soll:

____

____

Welche Kinder soll mein Kind kennenlernen können:

____

____

Welche Altersspanne wünsche ich mir in der Gruppe meines Kindes:
Von ... bis ... Jahre.

Warum:

Welche Betreuungszeiten brauche ich für mein Kind:
Von ... bis ... Uhr / täglich oder flexibel
Wie will ich mich selbst in die Arbeit im Kindergarten einbringen?

Was ist mir für mein Kind noch ganz besonders wichtig?

Und was bin ich bereit, dafür zu tun?

Vergessen Sie bei all dem bitte nie, daß Sie das alles auch für Ihr Kind tun. Ihm sollte der Kindergarten in erster Linie gut bekommen und gut gefallen. Vergessen Sie deshalb nicht, auch nach seiner Meinung, nach seinen Vorlieben zu fragen:
Welcher Kindergarten würde meinem Kind am besten gefallen? Einer, der

Folgendes möchte ich noch fragen:

Gut vorbereitet wird der Start leichter

(Egbert Haug-Zapp)

Die Wahl ist getroffen. Sie haben sich für einen Kindergarten entschieden. Sicher haben Sie auch schon längst begonnen, sich selbst und Ihr Kind innerlich und äußerlich auf den Start im Kindergarten vorzubereiten.

Der Start – Checkliste für Sie

Es gibt eine ganze Reihe praktischer Fragen. Die folgende Checkliste soll Ihnen helfen, diese rechtzeitig abzuklären.

Die Trennungssituation üben

- Ist das Kind schon auf Trennungen von Ihnen vorbereitet? Wenn nicht, können Sie mit ihm bis dahin noch etwas «üben», Ihre zeitweise Abwesenheit zu ertragen?
- Sind Sie schon mal mit Ihrem Kind zum Schnuppern im Kindergarten gewesen? Haben Sie den Weg schon mit Ihrem Kind erkundet?
- Hat Ihr Kind ein Stofftier oder ähnliches als Begleiter, das ihm die Trennung von Ihnen etwas leichter machen kann?

Absprachen mit den Erzieherinnen

- Hat Ihr Kind Eßprobleme? Oder hat Ihre Familie Eßgewohnheiten, die der Kindergarten wissen muß?
- Leidet Ihr Kind an Allergien?

- Muß Ihr Kind während der Zeit im Kindergarten Arzneimittel einnehmen? Ist dies mit den Erzieherinnen abgesprochen?
- Sind die finanziellen Aspekte geregelt? Wird der Elternbeitrag abgebucht, oder geben Sie einen Dauerauftrag an Ihre Bank?
- Wer außer Ihnen darf das Kind abholen? Die entsprechenden Personen müssen Sie der Erzieherin gegenüber benennen. Später kommt dann der Zeitpunkt, wo Sie entscheiden können, ob Ihr Kind den Weg alleine machen darf.
- Weiß der Kindergarten, wo Sie erreichbar sind, falls das Kind krank wird oder sich verletzt?

Anschaffungen

- Ist ein Kindergartenrucksack oder eine Tasche beschafft? Und was kommt da alles rein?
- Ist die für das Spiel drinnen und draußen angemessene Kleidung vorhanden?
- Liegt im Kindergarten Wäsche bereit, für den Fall, daß mal gewechselt werden muß?

Der Anfang

- Ist der «erste Tag» so geplant, daß es für Ihr Kind und Sie ein bewußt begangener «Festtag» werden kann?
- Können Sie einige Tage lang jeden Morgen genügend Zeit mit Ihrem Kind im Kindergarten bleiben? Ist das für Sie möglich? Ist dies vom Kindergarten erwünscht?
- Welche besonderen Termine (Elternabende, Feste) gibt es in der nächsten Zeit?

Mehr Zeit für die Mutter

In der Regel ist der Start eines Kindes im Kindergarten verknüpft mit Entscheidungen *zur zukünftigen Lebensplanung der Eltern.* Und das Nachdenken darüber, wie das zukünftige Leben aller Familienmitglieder aussehen könnte, sollte nicht erst in letzter Minute einsetzen.

Was will und kann die Mutter mit der vielleicht frei werdenden Zeit tun? Berufstätigkeit? Halbtags oder ganztags? Oder zunächst eine Fortbildung? Oder endlich mal ganz etwas Persönliches?

Welche offenen oder unausgesprochenen Erwartungen hat der Partner an die neue Situation? Und wie lassen sich die Interessen der älteren Kinder mit der neuen Situation verbinden?

Bedenken Sie vor allem: Es gibt bei all diesen Überlegungen kein objektives Richtig oder Falsch. Zu wissen, was Familie X und Y macht, kann durchaus helfen, die eigene Entscheidung zu finden, darf aber nicht zur Norm für die eigene Entscheidung werden.

Besonders wichtig scheint uns aber in jedem Fall, daß Sie eine etwaige neue Aufgabe, vor allem den Wiedereinstieg in den Beruf, nicht mit dem Zeitpunkt des Kindergartenstarts zusammenfallen lassen. Das Kind braucht einen ruhigen Anfang, der es nicht mit abrupt einsetzenden Anforderungen überlastet. Zumindest in den ersten vier Wochen sollten die Eltern noch flexibel auf die wechselnden Bedürfnisse des Kindes eingehen können.

Eigene Erinnerungen

Zur Vorbereitung auf den Kindergarten gehört sicher auch, sich bewußtzumachen, mit welchen Gedanken und Gefühlen sich die Eltern *an die eigene Kindergartenzeit erinnern.* Bin ich gerne in den Kindergarten gegangen, oder beschleichen mich gar heute noch Gefühle der Angst und Abwehr, des Unwohlseins, wenn ich an meinen Kindergarten denke? Was hat mir Angst gemacht? Was war besonders schön?

Vielleicht haben Sie noch Fotos aus Ihrer Kindergartenzeit, die diese Zeit für Sie wieder lebendig machen. Ihre Erinnerungen können Ihnen helfen, die Probleme Ihres Kindes besser zu verstehen, das nun bald die erste regelmäßige Trennung von der Familie zu bewältigen hat. Vielleicht schauen Sie die Bilder auch einmal mit Ihrem Kind an – sicherlich hört es Ihnen interessiert zu …

Wenn das Kind krank wird

Vor Beginn des Kindergartens sollte auch geklärt sein, was passiert, *wenn das Kind krank wird*. Es ist hilfreich, eine Situation ganz konkret durchzuspielen, auch für den Fall, daß das Kind mehr als die fünf Tage krank ist, die vom Arbeitgeber an bezahltem Sonderurlaub pro Jahr gewährt werden müssen. Ein ähnliches Problem kann entstehen, wenn der Kindergarten geschlossen hat, sei es wegen einer Fortbildung, an der alle Erzieherinnen teilnehmen, sei es wegen einer Infektionskrankheit oder wegen Ferien. Haben Sie Verwandte oder Bekannte, die Sie unterstützen können? Durch die wachsende Mobilität können immer weniger junge Familien auf die Hilfe von Großeltern zurückgreifen. Um so wichtiger ist es in solchen Fällen, schon vorher andere Familien kennengelernt zu haben, die im Notfall ein Stück Rückhalt bieten.

Die neue Situation üben

Es ist sinnvoll und empfehlenswert, den ausgewählten *Kindergarten mehrfach mit Ihrem Kind zu besuchen*, ehe es richtig losgeht. Ihr Kind kann so die *Erzieherin* schon kennenlernen, mit der es nun für drei Jahre zusammen sein wird. Denn es kann auf Sie als Rückhalt nur dann verzichten, wenn die Erzieherin zu einer vertrauten Person wird, von der es sich verstanden und akzeptiert fühlt.

Zum Gelingen des Übergangs hilft, wenn Sie kleinere *Trennungssituationen* mit Ihrem Kind *üben*: Eine Stunde bei einer Nachbarin sein, mit einer befreundeten Familie einen Ausflug machen. Die Bewältigung dieser Situationen stärkt das Selbstbewußtsein und die Selbständigkeit, die Ihr Kind für den Kindergartenbesuch braucht.

Und hilfreich für die Trennung ist das, was Psychologen ein *«Übergangsobjekt»* nennen, ein Tuch, eine Puppe oder sonst ein Gegenstand, der die abwesende Mutter symbolisch vertritt.

Übergangsrituale für den Start

Hilfreich für Übergänge von einer Lebensphase in eine andere können auch Rituale sein, das also, was beim Übergang in die Schule Schultüte und Schulanfangsgottesdienst sind. Für den Start in den Kindergarten gibt es noch nichts derlei Übliches. Aber warum es sich nicht selbst schaffen? Der Kauf des Rucksacks für den Kindergarten (ein Rucksack ist in der Tat viel praktischer als die früher üblichen Täschchen) und das gemeinsame Füllen können so ein privates Ritual sein. Vielleicht darf jeder aus der Familie – vielleicht auch die Patin oder der Pate – etwas reinpacken. Es bereitet Kindern Spaß und erhöht die Vorfreude – und reduziert die Unsicherheit –, wenn sie mit überlegen dürfen, was als Begleiter mitgeht, was gebraucht wird und was nicht.

Schön, wenn auch der Kindergarten den ersten Tag für Ihr Kind mit einer kleinen «Feierlichkeit» begeht. In manchen Einrichtungen wird das Bild des neuen Gruppenmitglieds in den großen Geburtstagskalender geklebt. Oder es wird bei einer feierlichen «Prozession» durch das ganze Haus überall vorgestellt. Oder es gibt beim Frühstück ein Begrüßungslied. Vielleicht organisieren Sie auch zu Hause ein kleines Fest für Ihr Kind ...

Vielleicht möchten Sie auch für den *täglichen Abschied* ein Ritual einführen, ein Lied, ein kurzes Gebet, eine freundliche, besondere Verabschiedungsgeste vor dem Weggehen. In der täglichen Wiederkehr können Sie so Ihrem Kind Halt und Orientierung geben.

Die Erzieherin kennenlernen

In den meisten Kindergärten führt die Leiterin die Aufnahmegespräche. So kann sie alle Eltern kennenlernen und die neuen Kinder richtig den bestehenden Gruppen zuweisen. Für Ihr Kind und Sie ist allerdings wichtiger, zu der zukünftigen Gruppenerzieherin Ihres Kindes direkt Kontakt aufzunehmen.

Schon bei diesen ersten Gesprächen (und ebenso bei allen folgenden) ist es im Interesse Ihres Kindes sinnvoll, wenn offen geredet wird. Eltern fühlen sich leicht in einer Art Prüfungssituation, wenn sie Fra-

Die Lieblingspuppe hilft beim Start

gen beantworten sollen und ihr Kind von professionellen Erzieherinnen beobachtet wird. Aber wahrscheinlich legen Sie an sich selbst viel strengere Maßstäbe an als die Erzieherinnen. Diese erwarten, gerade weil sie «Profis» sind, nicht, daß Sie eine «perfekte» Mutter sind, die ein «perfektes» Kind erzogen hat. Aber um mit Ihnen zusammen dem Kind hilfreiche Begleiterin sein zu können, sind die Erzieherinnen auf Informationen von Ihnen angewiesen.

Auch wenn es Ihnen schwerfällt, über sehr persönliche Situationen, also etwa eine Trennung oder eine neue Partnerschaft, zu sprechen, sollten Sie dies tun. Denn Ihr Kind wird vermutlich mit verändertem Verhalten – Rückzug oder Aggressivität z. B. – darauf reagieren. Das gilt auch für Probleme des Kindes zu Hause, wie Einnässen oder Wutausbrüche.

Je offener Sie zu solchen Schwierigkeiten stehen, um so klarer wird Ihnen selbst und den Erzieherinnen, daß hier mit einfachen Schuldzuschreibungen gar nichts erklärt ist. Es gibt keine vollkommenen Mütter und Väter, es braucht aber Eltern, die mit ihren Unvollkommenheiten und ihren Kindern, so, wie sie eben jetzt gerade sind, offen, verstehend und akzeptierend umgehen. Um so eher werden auch die Erzieherinnen ihrerseits Begrenzungen und Schwierigkeiten in ihrer Arbeit benennen können. Und daraus erwächst das Vertrauen, das Ihrem Kind guttun wird.

Zu den «schwierigen», aber notwendigen Gesprächsthemen gehört manchmal auch das Geld. Es ist schön, wenn ein Kindergarten Ausflüge organisiert oder eine Marionettenbühne einlädt. Sie sprechen aber sicher auch für andere, wenn Sie sich gegen zu hohe Sonderausgaben wenden, weil sie Ihnen schwer fallen. Der Kindergarten kann Sie sicher auch beraten, wenn es darum geht, beim Sozialamt einen Antrag auf Kostenübernahme zu stellen.

Bei allen Gesprächen mit der Leiterin oder einer Erzieherin ist es wichtig zu wissen, daß Erzieherinnen der *Schweigepflicht* unterliegen. Wenn Erzieherinnen etwa nach Familiensituationen oder nach Kinderkrankheiten fragen, so tun sie das nicht aus Neugierde, sondern um angemessen auf die Fragen, Wünsche und Sorgen Ihres Kindes eingehen zu können. Und Sie können davon ausgehen, daß Ihre Auskünfte bei der Erzieherin bleiben und im Interesse Ihres Kindes genutzt werden.

Ganz wichtig ist im Blick auf die gute Zusammenarbeit zwischen Eltern und Erzieherinnen zum Wohl des Kindes, daß sich beide Seiten immer wieder klarmachen: Der Kindergarten ist nicht die Familie und er kann keine Familie ersetzen.

Sich dies zu verdeutlichen erspart Rivalitäten, zum Beispiel darum, wer das Kind besser versteht oder wer beliebter ist.

Erzieherinnen und Eltern sind nicht austauschbar, sie unterstützen sich vielmehr wechselseitig, weil sie bei allen unterschiedlichen Erfahrungen, Kenntnissen und Rollen ein gemeinsames Interesse an der Entwicklung des Kindes haben. Diese Zusammenarbeit setzt aber voraus, daß beide Seiten voneinander wissen und einander vertrauen. Bleibt es zwischen Familie und Kindergarten bei einem formalen, nur zeitlich organisierten Nebeneinander der zwei wichtigsten Lebensbereiche des Kindes, so werden viele Möglichkeiten individueller Förderung des Kindes verschenkt. Das Kind ist dann allein gelassen mit der schwierigen Aufgabe, zwei Erfahrungsbereiche zu verbinden.

Der Weg zum Kindergarten

Unterschätzt wird oft die Bedeutung, die der Weg zum und vom Kindergarten hat. Es hängt von vielen Faktoren ab, ob er zur aufregenden Entdeckungsreise wird oder zur Belästigung, ob er mit Muße gegangen oder unter Zeitdruck absolviert wird. Falls die Verkehrssituation und Ihr Zeitbudget es ermöglichen, so lohnt es sich, dem Weg zum Kindergarten Aufmerksamkeit zu schenken und entsprechend Zeit einzuplanen. Ob ein Kind von einem gehetzten Autofahrer bei laufendem Motor an der Kindergartentür abgesetzt wird oder nach einem anregungsreichen Spaziergang entspannt ankommt, das wirkt sich auf den ganzen Tag aus.

In einigen Monaten wird es soweit sein, daß Sie überlegen, ob Ihr Kind den Weg alleine bewältigen kann. Dies kann eine wichtige Erfahrung von Selbständigkeit sein, aber es ist leider auch bei mehrfacher Übung nicht überall und für jedes Kind möglich. Rechtlich verantwortlich für den Weg sind in allen Belangen die Eltern und nicht der Kindergarten. Deshalb müssen Sie dem Kindergarten mitteilen, mit wem sich das Kind auf den Heimweg macht, oder ob es alleine gehen darf.

Mit der Frage der Vorbereitung des Kindes auf den Weg hängen grundsätzliche Fragen über Kindheit heute zusammen. Kindheit war früher zu einem erheblichen Maße Straßenkindheit. Das ist heute kaum mehr möglich, die Autos haben weithin die Alleinherrschaft angetreten. Um so wichtiger ist es, daß Eltern die verbliebenen Möglichkeiten entdecken und nutzen und sich gegebenenfalls gemeinsam für eine Verbesserung der Wegsituation einsetzen.

Eher problematisch ist die Markierung des Weges (die Kinder könnten sich sicher fühlen, obwohl sie es nicht sind) oder eine «Verkehrserziehung», die den Kindern ein paar Regeln eintrainiert. (Wie soll ein Kind z. B. «rechts vor links» verstehen, wenn es rechts von links noch nicht unterscheiden kann?) Verkehrserziehung müßte immer zuerst und vor allem Erziehung der Autofahrer zur Rücksicht auf Kinder und ihre Bedürfnisse sein. Viele Elterninitiativen haben sich schon gebildet, um für mehr Rechte der Kinder auf der Straße zu kämpfen. Dazu zählen: Tempo 30 in Wohngebieten, sichere Überwege, genug Ampeln. Vielleicht setzen Sie sich gemeinsam mit anderen Eltern und Erzieherinnen Ihres Kindergartens dafür ein.

Bilderbücher als Starthilfe

(Christiane Benthin)

Meine Tochter Rebecca wird in diesem Sommer drei Jahre alt, und kürzlich haben wir die freudige Nachricht erhalten, daß sie – gottlob! – ab ersten September Kindergartenkind sein wird. Voller Stolz hat sie das überall erzählt, und wir umschleichen seither den Kindergarten unseres Dörfchens wie die Katze das verbotene Stück Wurst. Bis zum Schnuppernachmittag für die «Neuen» sind es noch vier Wochen, und auch danach bleibt für Rebecca bestimmt noch so manches offen. Natürlich üben wir im Alltag einiges, was ihr für den Kindergarten hilfreich sein wird. Als ich aber die Bilderbücher für dieses Kapitel mit ihr las, fand ich bestätigt, was ich schon oft beobachtet habe: Bilderbücher ermöglichen uns auf einzigartige Weise, mit dem Kind auf dem Schoß ins Gespräch zu kommen. Ein Buch, dessen Thema das Kind beschäftigt, und ein interessierter Erwachsener, der es mit ihm betrachtet, schaffen eine Atmosphäre, die Kinder zum Erzählen bringt.

Ich habe erfahren, worauf mein Kind sich besonders freut, wovor es sich ängstigt und auch, was für es noch diffus und unvorstellbar ist, und zwar besonders bei der Lektüre von: «Mama, da weint ja einer!» «Ja, guck, die haben sich gestritten, weil jeder ausgerechnet das orangefarbene Förmchen haben wollte.» «Aber was machen die denn jetzt?» «Vielleicht können die sich abwechseln?» «Aber ich glaube, das eine Kind will das nicht. Die Leonie will sich auch nicht abwechseln, und ich will nicht abwechseln, und dann gibt es ganz schlimmen Streit.»

Ohne das Buch wäre ein Gespräch vielleicht gar nicht entstanden. Auch sind die Kinder oftmals nach dem ersten Besuchstag oder auch später nach einem besonders anstrengenden Kindergartentag richtig überwältigt. Sie reagieren einsilbig auf unsere Fragen, und es scheint, als wäre da weder Freude noch Stolz. Rebecca und ich haben das Gespräch über die Streitsituation noch lange geführt, bis sie für sich damit zufrieden sein konnte, daß sich beide Kinder zusammen jetzt vielleicht etwas anderes zum Spielen suchen.

Bei der Auswahl von Büchern für die Vorbereitung der Kindergartenzeit sollten Sie einige Aspekte beachten. Sie selbst kennen Ihr Kind am besten. Wählen Sie einen Illustrationsstil aus, der Ihr Kind anspricht. Achten Sie dabei aber auf die Aussage der Bilder! Es sind Bücher auf dem Markt, die den Kindergartenalltag unrealistisch verniedlichen. Damit können Sie Ihr Kind höchstens beschwichtigen, aber keinesfalls seine Ängste und Vorbehalte erkennen. Werden hingegen ganz realistisch auch Momente dargestellt, in denen ein Kind morgens seinen Elternteil nicht gehen lassen will, sich beim Spielen verletzt hat oder einen Konflikt bewältigen muß, dann ist das ehrlicher und ermöglicht ein Gespräch über solche Situationen. Gute Bücher zeigen auch, wie solche «Notsituationen» bewältigt werden – wie Kinder sich gegenseitig trösten und helfen, wie die versehentlich naßgemachte Hose ersetzt wird u. ä.

Ratsam ist übrigens auch ein Blick auf das Erscheinungsjahr der Erstausgabe. Ein Buch aus den siebziger Jahren zeigt beispielsweise, wie zwei Kinder zunächst unangeschnallt auf dem Rücksitz eines VW-Käfers in den Kindergarten gebracht werden und dann dort eines der typischen «Siebziger-Jahre-Vorschulbildungsprogramm-Spiele» bewältigen. Diese Zeiten sind vorbei. Anhand eines solchen Buches kann man seinem Kind vielleicht zeigen, wie es war, als Mama oder Papa in den Kindergarten gegangen sind! Übrigens trifft auch der Illustrationsstil dieser Zeit nicht mehr den Geschmack der Kinder von heute.

Bücher, die auch meiner kleinen Tochter gefielen:
Gemeinsam mit meiner Tochter habe ich eine kleine Auswahl von Büchern getroffen, die ich Ihnen vorstellen möchte. Diese Auswahl ist unter den o. g. Gesichtspunkten erstellt und soll eine Anregung sein – sie ist weder objektiv noch vollständig.

«Bei uns im Kindergarten» von Helene Müller hat Rebecca vor allem von Aufmachung und Stil her sehr angesprochen. Die Illustrationen sind meiner Meinung nach etwas maskenartig und wirken dadurch starr, aber die Gesamtgestaltung ist recht pfiffig: Man klappt das Buch auf wie ein doppelflügiges Fenster. So öffnen sich von außen nach innen mehrere Szenen aus dem Kindergartenalltag. Der Text beschränkt sich jeweils auf eher wenige Sätze; die Bilder erzählen für sich. Ordentlich «geschönt» wurde allerdings die Gruppengröße – im Schlußkreis geben sich gerade mal 14 Kinder gegenseitig die Hand. Das dürfte bei einem Kindergarten unter öffentlicher Trägerschaft bestenfalls während einer Grippeepidemie der Fall sein.

Ein ganzes Stück realistischer geht es in *«Wer kommt mit in den Kindergarten»* zu. Lieve Beaten (Illustration) und Rosemarie Künzler-Behncke (Text) haben ein großformatiges Bilderbuch geschaffen, das aus der Perspektive von Lena erzählt. Sie geht schon eine ganze Weile in den Kindergarten. Bilder und Text (hier recht umfangreich) berichten munter und sehr ehrlich von schönen und weniger schönen Vorfällen und Gefühlen im Alltag einer Kindertagesstätte. Da will jemand morgens seine Mama nicht wieder gehen lassen und weint. Einem anderen passiert ein «Malheur», und eine Ersatzhose wird herbeigebracht. Da wird angebandelt, da wird gestritten und sich wieder vertragen, geschafft und geforscht. Und, was mir besonders gut gefallen hat: Da gibt es auch Kinder, die zu Mittag essen und nachmittags noch bleiben. In vielen Büchern scheint der Kindergarten nämlich um 12 Uhr mittags zu Ende zu sein. Auch geht es auf den Bildern aus Lenas Kindergarten schon erheblich wuseliger zu: Mit von mir gezählten 20 Kindern in der Gruppe ist es bisweilen recht voll – ganz wie «in echt».

So auch in Bianka Minte-Königs und Hans-Günther Dörings *«Komm mit in den Kindergarten»*. Hier ist allerdings mehr von den Festen und Höhepunkten im Kindergartenalltag die Rede – weniger von Alltäglichkeiten, Ärgernissen und Traurigkeiten. Auf den Bildern sehen sich alle Kinder irgendwie ähnlich – das wirkt auf mich wenig ansprechend, meine Tochter hingegen hat das nicht gestört.

Zum Abschluß sei Ihnen noch ein Buch vorgestellt, das Kinder während ihrer gesamten Kindergartenzeit begleiten kann und sicher immer mal wieder aktuell ist. Es unterscheidet sich deutlich von den vorher genannten und ist mein persönliches Lieblingsbuch zum Thema Kindergarten: *«Das Mädchen, das nicht in den Kindergarten wollte!»* Siv Widerberg erzählt die Geschichte von Stines Pechtag, den Cecilia Torudd wunderbar widerborstig, lebendig und «unniedlich» illustriert hat. Hier hat jeder sein eigenes Gesicht. Situationen, Gefühle und Launen werden in ihrer ganzen Dichte dargestellt, ohne daß die Bilder vollgestopft wirken. Stine ist schon morgens schlecht gelaunt, alles geht schief, und sie will am liebsten daheim bleiben. Da aber beide Elternteile arbeiten gehen, muß auch sie ihrer Pflicht nachgehen und wird mit Heulen und Zähneklappern in den Kindergarten gebracht. Ganz gegen ihre Erwartungen entwickelt sich der Tag aber immer mehr zum Guten – so daß sie am Nachmittag überhaupt nicht im geringsten Lust hat, abgeholt zu werden und sich das Schauspiel vom Morgen nun umgekehrt wiederholt.

Ähnlich übrigens ist Jutta Bauers (Bild) und Kirsten Bojes (Text) *«Kein Tag für Juli»*. Hier tragen Jutta Bauers ironische Cartoons, die uns Erwachsenen sicher vortrefflich gefallen, möglicherweise dazu bei, daß Kinder sich nicht ganz ernstgenommen fühlen – aber, wie gesagt: Sie kennen Ihr Kind am besten. Lassen Sie sich anregen, aber nicht festlegen und suchen Sie für sich und Ihr Kind das passende aus.

Besprochene Bücher

Müller, Helene: Bei uns im Kindergarten, Ravensburg 1995 (Ravensburger)

Beaten, Lieve (Ill.) / Künzler-Behncke, Rosemarie (Text): Wer kommt mit in den Kindergarten?, Ravensburg 1997 (Ravensburger)

Minte-König, Bianka (Text) / Döring, Hans-Günther (Ill.): Komm mit in den Kindergarten, Stuttgart 1996 (Thienemann)

Widerberg, Siv (Text) / Torudd, Cecilia (Ill.): Das Mädchen, das nicht in den Kindergarten wollte, Hamburg 1987 (Oetinger)

Boje, Kirsten (Text) / Bauer, Jutta (Ill.): Kein Tag für Juli, Weinheim 1992 (Beltz & Gelberg)

Wie der Start für mein Kind gelingen kann

(Anne Kettner-Grosbüsch)

Wenn mein Kind nicht bleiben will

Endlich ist es soweit, das Kind ist drei Jahre alt und hat einen Kindergartenplatz bekommen. Und jetzt will es dort nicht bleiben! Vielleicht hat es selbst schon ganz gespannt und freudig auf den ersten Tag gewartet, und trotzdem ist nun alles ganz anders, auch wenn es schon ein- oder zweimal mit Mutter oder Vater die Einrichtung besucht hat. Alles ist so lebhaft, vielleicht auch laut. Die Kinder spielen schon alle miteinander.

Stellen Sie sich die folgende Situation vor: Ihr Kind hat zwar die Erzieherin schon einmal gesehen, aber sie ist ihm noch fremd. Freundlich erklärt sie ihm, wo es sein Täschchen anhängen kann, und da weiß es mit einemmal, daß es hierbleiben soll und daß Mutter oder Vater gleich wieder gehen werden. «Du sollst aber dableiben», sagt das Kind jetzt. Alles, was ihm nun von der fremden Frau gezeigt und angeboten wird, will es gar nicht sehen. Es weicht Ihnen nicht von der Seite und drückt sich fest an Sie. Vielleicht versuchen Sie ja, sich etwas aus der Umklammerung zu lösen, aber Ihr Kind klammert gleich um so heftiger.

Es kann sein, daß es sich, wenn Mutter oder Vater jetzt noch etwas bleiben, von der Erzieherin und ein paar anderen Kindern zum Mitspielen locken läßt. Oder daß es Ihnen auf dem Arm der Erzieherin nachwinkt. Und nachdem es noch eine Weile auf dem Schoß der nun schon nicht mehr so fremden Frau gesessen hat, fühlt es sich jetzt sogar ganz wohl. Beim Abschied von Vater oder Mutter weint es vielleicht heftig, und kaum sind die Eltern draußen, läßt es sich neugierig auf die neue Situation ein. Eltern können sich das zwar oft nicht vorstellen,

Noch weint Max .

Kurze Zeit später führt er den Zug der Kinder an

aber eine offizielle Verabschiedung und ein heimlicher Blick nach einigen Minuten Wartezeit werden Sie überzeugen.

Manchmal helfen aber alle Überbrückungsangebote und gutes Zureden von Eltern, Erzieherin oder anderen Kindern nichts, das Kind tobt und schreit beim Abschied und danach. Was tun?

Eltern und auch Erzieherinnen sind in solch einer Situation selbst hin- und hergerissen. Auch wenn sie nach außen hin etwas ganz anderes vorgeben. In solch einer Verfassung wird man anfällig für Unkenrufe und falsche Ratschläge. Die vielen Patentrezepte anderer Eltern, die mit dieser Situation natürlich glänzend zurechtgekommen sind, verunsichern noch mehr. Der einzige wirkliche Rückhalt für unser Verhalten kommt jetzt aus unserem ureigenen Verständnis für die Gefühle unseres Kindes.

Versuchen Sie zu verstehen, was Ihr Kind fühlt

Mit Wut- und Schmerzausbrüchen zeigt uns das Kind sehr deutlich, was es fühlt. Aber auch weniger heftige Reaktionen wie Heimweh, Trauer, Unsicherheit, Resignation, Verschlossenheit, Angst, Bauchweh und andere körperliche Symptome signalisieren uns, wie aufgewühlt das Kind durch die Trennung von den Eltern ist.

Es gibt Kinder, die ihre Gefühle nach außen wenden, sie schreien und toben. Und es gibt andere, die nach innen gekehrt und in sich verschlossen leiden. Beides dürfen wir nicht übergehen. Je größer die Schwelle zu dieser neuen Lebenssituation für ein Kind ist, um so bedeutender wird es für seine Weiterentwicklung, daß es eine befreiende und befriedigende Lösung erfährt. Stößt es in dieser Situation auf Ablehnung, Unverständnis oder Härte oder wird es gar ausgelacht oder ausgeschimpft, bleibt in seiner Empfindung dieser erste wichtige Trennungsschritt hin zu mehr Eigenständigkeit mit Schmerz, Trauer oder Scham verbunden.

Unser Leben ist begleitet von immer neuen, notwendigen Schritten zur Selbständigkeit, von wiederkehrenden Trennungs- und Loslösungssituationen. Gerade deshalb werden die ersten Erfahrungen damit auch zu einer Schlüsselsituation im Leben. Sie beeinflussen nachhaltig den Umgang mit neuen, ungewohnten Situationen und Trennungen.

Der manchmal vehemente Gefühlsausdruck des Kindes in der Trennungssituation ist ein erstes Ventil für seine Unsicherheit und seinen Schmerz. Je mehr wir das verstehen, um so besser können wir dieses Verhalten tolerieren – und wir lassen uns auch nicht irritieren, wenn andere beratend und beurteilend daneben stehen:

«Wenn Sie jetzt nachgeben, dann müssen Sie das immer so treiben.»

«Vielleicht können Sie sich ja selbst nicht trennen.»

«Davon würde ich mich nicht terrorisieren lassen.»

Solche Bemerkungen helfen nicht weiter. Deshalb sollten wir uns die Personen genau auswählen, von denen wir in dieser Situation einen Rat hören wollen.

Das Kind will uns nicht tyrannisieren, es ist nur einfach ganz und gar das, was es fühlt, nämlich Schmerz. Wir selbst haben oft genug erfahren, daß Schmerz vorübergeht. Er kann durchlebt und dadurch überwunden werden. Dort, wo er verdrängt wird, findet er andere Ventile, z. B. Aggression, Depression oder Krankheit. Wir können dem Kind helfen, wenn wir seine Gefühle respektieren, vor allem, wenn wir es dabei mit Verständnis und Trost begleiten. Solches Zulassen und Ausagieren der kindlichen Gefühle kann schon eine teilweise Verarbeitung des Trennungsschmerzes mit sich bringen. Die Szenen wiederholen sich vielleicht noch ein paarmal und lösen sich dann allmählich auf.

Diese ersten großen Loslösungsschritte müssen nicht reibungslos verlaufen. Wichtig ist nur, daß dort, wo das Kind Schmerz, Angst oder Unsicherheit erlebt, es diese Gefühle auch ausdrücken darf. Vor allem aber muß es erfahren, daß es in diesen Momenten nicht verloren und verlassen war, sondern verstanden und getröstet wurde.

Bringen Sie genügend Zeit mit

Falls es irgendwie zu organisieren geht: Nehmen Sie sich für diese ersten Kindergartentage Zeit, so daß Sie z. B., wenn es nötig ist, noch dableiben können. Die Wiederaufnahme der Berufstätigkeit, in der

Regel der Mütter, sollte deshalb nicht genau mit dem Eintritt des Kindes in den Kindergarten zusammenfallen. Es treffen sonst zwei Situationen aufeinander, die Spannung und Unsicherheit mit sich bringen.

Das Kind sollte noch nicht den ganzen Tag oder den langen Vormittag lang bleiben müssen. Es reichen kürzere Zeiten, die es überschauen und auch bewältigen kann. Da hilft es selbstverständlich, wenn Eltern nicht unter Termindruck stehen, sondern von Situation zu Situation entscheiden können, welche Zeit für das Kind angemessen ist.

Wichtig ist jetzt, daß man den richtigen Moment zum Abschied findet. In diesem Augenblick dürfen wir darauf vertrauen, daß da noch die Erzieherin ist, die sich nach unserem Weggehen liebevoll um das Kind kümmern wird. Es ist tatsächlich so, daß die meisten Kinder nach einer kurzen Phase des Trennungsschmerzes und des Heimwehs ganz schnell ins Spielgeschehen hineinfinden, und danach ist keine Rede mehr von Unsicherheit und Heimweh. Gerade das können sich Eltern in der heftigen Abschiedssituation oft überhaupt nicht vorstellen, und so gehen sie mit schlechtem Gewissen und Ängsten aus dem Kindergarten. Greifen Sie doch einfach zum Telefon und fragen im Kindergarten nach, wie es Ihrem Kind inzwischen geht. In der Regel werden Sie dann – wie viele Eltern vor Ihnen – erfahren, daß sich Ihr Kind schnell beruhigt hat.

Klären Sie Ihre eigenen Gefühle

Die Trennungsschmerzen unserer Kinder lösen in uns selbst ein Chaos der Gefühle aus. Sie konfrontieren uns mit eigenen Ängsten, Befürchtungen und auch Schuldgefühlen. Das kollidiert meist mit dem berechtigten eigenen Bedürfnis, durch den Kindergartenbesuch des Kindes wieder mal ein Stück mehr Zeit für eigene Bedürfnisse zu bekommen, oder mit dem Wunsch, wieder in den Beruf einsteigen zu können. So wie auch das Kind in dieser Phase noch hin- und hergerissen ist zwischen dem vehementen Drang nach mehr Selbständigkeit und dem Wunsch nach Geborgenheit und Sicherheit, so sind auch wir in dieser Situation von Widersprüchen erschüttert. Da ist zum einen unser Mitgefühl mit dem Kind und zum anderen der Wunsch nach etwas mehr Unabhängigkeit voneinander. Das ist natürlich und darf so sein. Wichtig ist nur, daß wir uns darin nicht verlieren und glauben, solch ein Widerspruch sollte nicht sein oder wäre nicht zu lösen.

Lösungsvorschläge

Für ein Kind kann es eher hilfreich sein, wenn es den Zeitpunkt selbst bestimmen darf, zu dem Vater oder Mutter wieder gehen. Es hat damit die Steuerung seiner Angst selbst in der Hand und ist nicht mehr so sehr den Erwachsenen ausgeliefert.

Und falls Sie selbst von der Trennungssituation sehr verunsichert sind, dann lassen Sie sich doch mal von Ihrem Partner oder Ihrer Partnerin am nächsten Tag ablösen. Das hilft sicher ein bißchen.

Ein Buch zum Thema

Beim Vorlesen und Darüber-Sprechen verarbeitet ein Kind sein Erleben oftmals besser, als wenn wir mit ihm über seine Schwierigkeiten reden. Sehr empfehlenswert für die Problematik des Nicht-Bleiben-Wollens ist: Siv Widerberg: Das Mädchen, das nicht in den Kindergarten wollte. Hamburg 1987

Ein Vertrauensverhältnis zur Erzieherin aufbauen

Zwischen Elternhaus und Erzieherin sollte ein Vertrauensverhältnis entstehen. Glauben Sie nicht, die Erzieherin ließe das weinende oder gar schreiende Kind ungerührt. Selbst wenn sie nach außen hin ruhiger erscheint als Sie selbst, heißt das nur, daß sie das schon viel häufiger erlebt hat. Die Zeit der Neuaufnahmen im Kindergarten ist für die Mitarbeiterinnen sehr anstrengend, denn sie ist meist begleitet von den Eingliederungsschwierigkeiten mehrerer Kinder gleichzeitig. Und jedes dieser neuen Kinder braucht Zuwendung vom Erwachsenen, und die anderen dürfen ja auch nicht zu kurz kommen.

Suchen Sie das Gespräch mit der Erzieherin, aber nicht gerade in solch einer für sie sehr anstrengenden Situation. Warten Sie auf einen günstigeren Augenblick, z. B. wenn Sie das Kind wieder abholen. Aber reden Sie auf keinen Fall über den Kopf Ihres Kindes hinweg. Sie können sich ja auch einmal zu einem Elterngespräch anmelden. In solchen Gesprächen erfährt man mehr voneinander und wird sich vertrauter. Das hilft einem dann auch oft, dieser fremden Person sein Kind besser anvertrauen zu können.

Je mehr Schwierigkeiten das Kind hat, im Kindergarten zu bleiben, um so kritischer beobachten Eltern auch die Erzieherin und die Atmosphäre in der Kindergruppe. Es passiert dann leicht, daß sie vieles dort als schlecht empfinden oder daß sie meinen, die Erzieherin kümmere sich zuwenig und nicht richtig um das eigene Kind. Solche Spannungen spürt das Kind. Sie tragen tatsächlich zu seiner Unsicherheit bei. Wenn Ihnen etwas nicht gefällt, fragen Sie die Erzieherin, warum sie sich so verhält. Zum Beispiel dann, wenn Sie meinen, daß sie das Kind zuwenig beachtet oder in Ihren Augen überfordert. Solch ein Schritt kann wesentlich dazu beitragen, daß sich auch das Kind im Kindergarten wohler und vertrauter fühlt.

Andere Kinder helfen, die Schwelle zu überwinden

In der Regel werden in Kindergärten die Älteren auf neue Kinder und deren Anfangsschwierigkeiten vorbereitet. Sie kümmern sich dann mit um die Kleineren. So sind diese von Anfang an nicht nur auf die Erzieherin angewiesen, sondern bekommen von Größeren Hilfe, wenn sie auf die Toilette müssen, wenn sie essen wollen oder wenn sie sich die Jacke anziehen. Viele ältere Kinder haben Freude an solchen Aufgaben.

Wenn ein Kind nicht bleiben möchte, kann ihm gerade die Ansprache von anderen Kindern über diese Schwelle hinweghelfen. Andere Kinder stehen auf derselben Ebene wie es selbst. Sie locken dadurch seine Neugier und seine Selbständigkeit heraus. Erfahrungsgemäß klammert es sich an Gleichaltrige oder nur wenig Ältere auch nicht so fest wie an den Erwachsenen, von dem es ja auch aus Erfahrung Hilfe und Zuflucht erwarten darf. Dort, wo ältere Kinder auf ein neues Kind zugehen, gibt es in der Regel auch weniger Probleme mit der Eingliederung.

Vielleicht kennen Sie und Ihr Kind auch schon das eine oder andere Kind aus der Gruppe. Sie könnten nun z. B. mit ihm zusammen schon morgens zum Kindergarten gehen, oder Sie gehen am Mittag zusammen nach Hause. Fragen Sie, ob der neue kleine Freund nicht einmal nachmittags zum Spielen vorbeikommen will. Vielleicht kann die Erzieherin in einem geeigneten Moment einige Kinder darauf ansprechen, daß nun ein neues Kind, dem der Anfang noch etwas schwerfällt, dringend ihre Hilfe braucht. Oft erinnern sich die Größeren noch genau daran, wie auch sie am Anfang ihre Schwierigkeiten hatten, und sie kümmern sich ganz liebevoll um das neue Kind.

Die Schwierigkeiten gehen vorüber

Bei alldem können Sie sich mit der Gewißheit trösten: Das alles geht auch vorüber. Der Trennungsschmerz ist ein Übergang zu einer neuen Selbständigkeitsphase des Kindes. Das Kind hat in diesem Alter einen ungeheuren Drang nach Eigenständigkeit. Gleichzeitig erfährt es dadurch natürlich auch deutlich, daß es deshalb plötzlich von den Eltern entfernt sein kann. Das führt häufig zu widersprüchlichen Verhaltensweisen. Das Kind strebt weg und pocht doch immer wieder mit Vehemenz auf die Anwesenheit der Eltern.

Diese Phase wird von Kindern unterschiedlich heftig durchlebt. Wir sollten dem Kind nicht das Gefühl vermitteln, daß es sich jetzt um ein riesengroßes Problem handelt. Je mehr wir z. B. mit anderen in seiner Gegenwart darüber reden, um so mehr bekommt es auch den Eindruck, daß das alles ganz schlimm ist, und die Schwelle am nächsten Morgen im Kindergarten wird immer höher. Das Kind empfindet dann sein Verhalten immer mehr als ein Versagen, und dabei handelt es sich wirklich in fast allen Fällen nur um eine Übergangsphase.

Kinder, die in den Anfangszeiten des Kindergartens am lautesten schreien, sind später oft die eifrigsten Kindergartengänger, eben weil sie alles sehr intensiv erleben und ausleben.

Die ersten Monate sind eine große Aufgabe für das Kind

Es gibt Kinder, bei denen die Trennungsschwierigkeiten erst dann auftreten, nachdem sie den Kindergarten schon einige Zeit besucht haben. In den ersten Tagen sind sie ganz begeistert gewesen, und jetzt wollen sie plötzlich nicht mehr bleiben.

Das ist kein Wunder, wenn wir uns einmal vergegenwärtigen, welchen Anforderungen ein Kind dort ausgesetzt ist. Es muß sich in einer großen Gruppe unter fremden Kindern zurechtfinden. Es erfährt, daß andere sich oft anders verhalten, als es das selbst will. Es muß warten können, bis es an der Reihe ist. Es merkt, daß andere Kinder andere Bedürfnisse haben, die manchmal mit den eigenen Wünschen kollidieren. Es muß akzeptieren, daß es stärkere und erfahrenere Kinder gibt. Es muß sich in neuen Räumen orientieren und im Rhythmus des Kindergartenalltags zurechtfinden. Es wird mit einer Menge Regeln des Zusammenlebens konfrontiert, die ihm nicht immer gefallen und die es noch nicht alle versteht. Vor allem merkt es jetzt, daß es jeden Tag hier ist und daß die Zeit, in der die Eltern weg sind, sehr lang werden kann. Nun möchte es plötzlich morgens nicht mehr hierbleiben, oder es will die Eltern nicht mehr weggehen lassen.

Auch dieses Verhalten ist verständlich und kann durch die schon genannten Überbrückungs- und Eingliederungshilfen vielleicht abgeschwächt und nach und nach überwunden werden. Nehmen Sie sich Zeit für Ihr Kind, wenn es vom Kindergarten kommt. Es spürt dann, daß sich an der Intensität Ihres Verhältnisses nichts verändert hat.

Ich will nach Hause!

Die bisherigen sozialen Erfahrungen haben großen Einfluß

Ganz sicher tragen die bisherigen Erfahrungen des Kindes eine Menge dazu bei, wie es diesen wichtigen Lösungsschritt vollzieht. Hat es bis zu diesem Zeitpunkt schon häufige Kontakte zu anderen Kindern und Erwachsenen gehabt und hat es z. B. eine Krabbelgruppe besucht, so verfügt es jetzt schon über eine Menge sozialer Fähigkeiten. Diese erleichtern ihm mit Sicherheit den Eintritt in den Kindergarten.

Von großer Bedeutung ist auch die bisherige Haltung der Eltern zur Eigenständigkeit des Kindes. Dort, wo sein Drang und Streben nach Selbständigkeit unterstützt und gefördert worden ist, bewegt es sich selbstbewußter in neuen Lebenssituationen.

Ab und zu ist ein Kind tatsächlich noch überfordert. In solch einem Fall empfiehlt es sich, den Kindergarteneintritt einfach um ein viertel oder ein halbes Jahr zu verschieben. Es sollte jetzt aber die Möglichkeit haben, mit anderen Kindern z. B. auf dem Spielplatz oder in einer Spielgruppe zusammenzutreffen. Solche Unternehmungen fördern die Bereitschaft für den Kindergarten.

Andere Kinder sind anders

Nun haben Sie Ihr Kind mit Muttermilch und Vollwertkost großgezogen, es bekam schöne, ausgewählte Spielsachen, und Sie haben sich auch nie an so schlechte Traditionen gehalten, daß Mädchen rosa Kleidchen tragen und Buben blaue Hosen. Und jetzt kommt das Kind aus dem Kindergarten und möchte bestimmte Süßigkeiten haben oder eine Barbie-Puppe, ein bestimmtes Computerspiel oder eine Pistole, genau so, wie der große Felix oder die große Alexandra das alles haben.

Mag sein, daß Sie das so kraß gar nicht trifft. Trotzdem werden Sie sich sicherlich manchmal darüber ärgern, daß Ihr Kind plötzlich weiß, wann es welche Sendungen im Fernsehen gibt, daß es sich aus seinem Steckspiel eine Pistole baut und laut «Attacke» rufend auf lauter Feinde schießt. Vielleicht beobachten Sie, daß Ihre kleine Tochter jetzt plötzlich mit anderen Mädchen die ganz typischen Mädchenspiele bevorzugt und sich von den Buben ärgern läßt, oder daß Ihr kleiner Sohn immer häufiger laut und aggressiv mit anderen Jungen tobt.

Was bisher noch nicht bis ins Kinderzimmer drang, eröffnet sich dem Kind, wenn es im Kindergarten auf andere Kinder aus anderen Lebensverhältnissen trifft. Es erlebt auch neue Erwachsene, die sich anders verhalten als die Eltern und die eventuell auch anders urteilen als sie. Vielleicht fürchtet sich das Kind am Anfang vor dem aggressiven Verhalten eines anderen, und plötzlich schlägt das um in Bewunderung und es übernimmt dieselben Verhaltensweisen.

Die Reihe der Beispiele könnte unendlich fortgesetzt werden. Es macht uns manchmal ärgerlich und traurig, daß das Kind nun einer Menge an Erfahrungen und Einflüssen ausgesetzt ist, die wir als Eltern nicht mehr bis ins Detail kontrollieren können. Denn nun erfährt unser Kind auch Dinge, von denen wir uns fragen, ob sie ihm nicht Schaden zufügen werden.

Das Andersartige imponiert und weckt eigene Wünsche

Das Kind reagiert jetzt auf viele neue Eindrücke. Es ist damit konfrontiert, daß andere größer und stärker sein können. Damit muß es fertig werden, und oft löst das eigene Stärkephantasien in ihm aus. Das starke und aggressive Gebaren anderer imponiert ihm dann. Es erlebt die Macht einer Gruppe, sei es nun die einer typischen Jungenbande oder die einer typischen Mädchenclique. Und es schließt sich diesen Spielen gern an. Es ist durch die anderen Kinder mit seiner eigenen Geschlechtlichkeit und der der anderen konfrontiert. Es sucht und erforscht nun sein eigenes Mädchen- oder Jungensein und das der anderen. Es sieht, wie der große Dirk mit seiner Plastikfigur aus einer Fernsehserie die Bewunderung der anderen auf sich zieht und wie er nun darüber bestimmt, wer damit spielen darf und wer nicht. Das beeindruckt vor allem dann, wenn man das alles noch nicht kennt. Und wenn ein anderes Kind bestimmte Süßigkeiten hat, die aber nur mit den besten Freunden oder gar nicht teilt, dann möchte es dieses Besondere natürlich auch haben.

Solche Einflüsse allein können einem Kind noch keinen Schaden zufügen. Wichtiger ist vielmehr, wie damit umgegangen wird und wie wir es dabei unterstützen.

Das Kind ist Verlockungen ausgesetzt, die ihm eine Befriedigung seiner Bedürfnisse versprechen. Da liegt es nun an uns Erwachsenen, was wir ihm in solchen Situationen anbieten können. Verbieten wir ihm seine Bedürfnisse oder verurteilen wir sie als schlecht, so wird alles nur noch interessanter. Und vor allem fühlt es sich dann auch noch uns gegenüber ohnmächtig und schwach. Das Gegenteil von Verbieten heißt aber nicht, daß wir alles erlauben, was das Kind begehrt. Es heißt, daß wir seinen neuen Wünschen und seinem Verhalten nicht mit Tabuisieren oder Kritik begegnen, sondern daß wir sie als eine neue Seite im Kind wahrnehmen und darauf antworten können.

Kinder müssen in dieser gnadenlosen Konsumwelt lernen, mit all den glückversprechenden Angeboten umzugehen. Sie müssen lernen, das Verhalten anderer Menschen einzuschätzen und sich nicht davon blenden oder einschüchtern zu lassen. Dabei unterstützen wir sie in diesem Alter nicht durch ausgedehntes Argumentieren. Dazu sind sie noch nicht fähig. Was wollten sie unseren Argumenten auch entgegensetzen, doch nur, daß sie das eben haben wollen. Wir unterstützen sie, indem wir ihrem Bedürfnis nach Starksein und Erfolghaben, Anerkennung und Aufmerksamkeit gerecht werden.

Wenn das Kind mit einer Pistole schießt, dann führt es nicht wirklich Krieg. Es drückt damit seine Allmachtsphantasien aus, die es offensichtlich gerade braucht. Wenn wir es zum friedvollen Umgang mit anderen erziehen wollen, sollten wir ihm solches Spiel nicht verbieten. Wir sollten lieber unsere Beziehung zu ihm frei machen von Mechanismen, die es klein und ohnmächtig halten. Befriedigende und stabilisierende Beziehungen im Elternhaus machen das Kind auf die Dauer weniger anfällig für all die Dinge, die andere haben, mit denen sie beeindrucken und angeben können. Wo sich Eltern Zeit für das gegenseitige Erzählen, zum Vorlesen, zum Bilderbuch-Betrachten oder zum Spielen miteinander nehmen, da brauchen die Kinder nicht jeden Tag ein Unterhaltungsprogramm aus dem Fernsehapparat.

Mit all diesen Einflüssen und Angeboten unserer Umgebung können Kinder nicht zurechtkommen, wenn wir sie verbieten oder wenn wir sie davon fernhalten wollen. Wir können unsere Meinung dazu sagen, und daran kann sich das Kind orientieren. Aber was es wirklich versteht, das ist unser eigenes Vorbild.

Dort, wo Kinder in der Familie in ihrer Persönlichkeit geachtet und ernstgenommen werden, entwickeln sie Selbstvertrauen und Selbstbewußtsein. Das hilft ihnen im Kindergarten und später entscheidend weiter. Eltern können zu bestimmten Wünschen der Kinder nein sagen, ohne moralischen Druck ausüben zu müssen. Kinder können das auch auf die Dauer akzeptieren, wenn sie ansonsten in ihrem Erlebensdurst, ihrer Neugier und ihrer emotionalen Bedürftigkeit befriedigt werden. Bestimmte Konsumanreize durch andere sind dann kurze, heißbegehrte Objekte, die schon bald wieder an Anziehungskraft verlieren.

Eigene Erfahrungen müssen erlaubt sein

Das Kind achten und in seinen Wünschen ernst nehmen heißt aber auch, daß wir wahrnehmen, wie wichtig ihm etwas sein kann, um sich z. B. nicht als Außenseiter in der Gruppe fühlen zu müssen. Und es bedeutet, neue eigene Meinungen und Vorstellungen des Kindes akzeptieren; das kann vieles betreffen: die tägliche Kleidung, ein bestimmtes Faschingskostüm, eine Süßigkeit, ein Spielzeug oder ein Computerspiel. Warum sollten wir diese Vorstellungen nicht berücksichtigen und nicht ab und zu solch einen Wunsch erfüllen? Wenn Erwachsene ständig pädagogische Wertvorstellungen einklagen, fühlt sich ein Kind bevormundet, und der Umgang miteinander ist häufig durch starre Ernsthaftigkeit geprägt.

Wenn wir uns über die Einflüsse, denen unsere Kinder jetzt ausgesetzt sind, ärgern, dann sollten wir uns auch einmal fragen, warum diese so gar nicht in unser Weltbild passen.

Viele Erwachsene und Pädagogen wollen Kinder so lange wie möglich von dem fernhalten, was sie belasten, bedrücken oder schlecht beeinflussen könnte. Das Leben bringt aber eine Fülle von Situationen mit sich, die unangenehm sind. Wir erziehen Kinder einseitig, wenn wir ihnen diese Erfahrungen zu Beginn ihres Lebens ersparen wollen. Kinder sind heutzutage einer Unzahl von verlockenden Angeboten ausgesetzt, angefangen von der Konsumwelt bis hin zum pefekt ausgerichteten Freizeitangebot. Sie müssen frühzeitig erfahren können, was wirklich für sie zählt: die Barbie-Puppe, für die man immer mehr Zubehör haben muß, weil sonst das Spiel langweilig wird, oder der Kuschelbär zum Liebhaben, zum Mit-ins-Bett-Nehmen, zum Wickeln, Füttern und Versorgen. Wo Kinder Zuwendung und Aufmerksamkeit im Zusammenleben, im Spielen, im Geschichtenerzählen erfahren und sich kreativ ausdrücken dürfen, werden sie auch zufrieden sein. Das lehrt sie, auf die Dauer selbst zu entscheiden, was wirkliche Befriedigung mit sich bringt. Es läßt sie auch gleichgültig gegenüber dem sein, was andere alles dürfen, können oder besitzen, und sie können auch einmal ein Nein der Eltern gut verkraften.

Nicht nur das Kind muß sich lösen - auch die Mutter muß loslassen

Wie der Anfang für die Eltern gelingen kann

(Egbert Haug-Zapp)

Drei Jahre lang hat Maren Grosser nur für ihren Sohn Adrian gelebt. Sicher, sie hat sich oft danach gesehnt, täglich ein paar Stunden Zeit für sich zu haben, und sie hat sich auch oft gesagt, daß der Schritt in den Kindergarten für ihren Adrian als Einzelkind nötig ist – und doch nagt an ihr eine schwer faßbare Verstimmung. Ihr Mann schaut sie nur fassungslos an, als sie ihm davon erzählt. «Aber du hast doch alle Hebel in Bewegung gesetzt, damit Adrian in diesen Kindergarten kommt, und nun ist es dir doch nicht recht ...!» Maren Grosser weiß selbst, daß ihre Gefühle keinen rationalen Grund haben.

Psychologisch gesehen ist es sinnvoll, daß Maren Grosser sich nicht einfach locker auf die Trennung einlassen kann. Ihre Trauer ist ja zunächst einmal die Kehrseite einer intensiven Beziehung zu ihrem Kind. Und es ist gut, daß die Mutter sich dieses schmerzende Gefühl eingesteht und nicht versucht, es wegzuargumentieren. Wichtig ist, daß Maren Grosser eine verständnisvolle Gesprächspartnerin findet. Vielleicht gelingt dies am besten im offenen Austausch mit einer anderen Mutter, die auch nicht sofort ein Ablenkungsprogramm einschalten will. Denn nicht nur ihr Mann, sondern auch die Erzieherinnen im Kindergarten haben es zunächst recht schwer, sich auf diese widersprüchlichen Reaktionen der Mutter einzulassen.

Auf zwei unterschiedliche und doch oft auch vermischte Gefühle gilt es in dieser Situation wohl vor allem zu achten: auf Trennungsängste und Schuldgefühle.

Trennungsängste

Erzieherinnen kennen diese Reaktion von Müttern aus vielfältiger Erfahrung. Aber darin liegt eine Gefahr für alle Beteiligten: Manche Erzieherin macht für alle Schwierigkeiten, die Kinder mit dem Anfang im Kindergarten haben, von vornherein die Trennungsängste der Mütter verantwortlich. Das entlastet dann von der Frage, ob nicht doch vom Kindergarten her mehr geschehen könnte, um den Kindern samt den Eltern den Übergang zu erleichtern. Für Maren Grosser jedenfalls könnte es sehr schmerzlich sein, wenn sie als Kommentar zu ihrer Trauer und allem Bemühen, ihrem Adrian den Anfang trotzdem leichtzumachen, hört: «Sie haben wohl Trennungsprobleme.» Hoffentlich hat Maren Grosser dann den Mut zu sagen: «Selbstverständlich habe ich Trennungsprobleme. Können Sie das etwa nicht verstehen?»

Maren Grosser braucht Unterstützung, sich ihre Trennungsangst einzugestehen und zu ihr zu stehen. Dann wird sie dieselbe Erfahrung machen wie ihr Adrian, daß diese Trennung zugleich der Anfang einer neuen, erweiterten Beziehung ist. Trennung klingt ja immer nach endgültigem Abschied. Und so nimmt die Person mit Trennungsangst die Situation auch wahr.

Bei dieser Trennung geht es aber nicht nur um das Ende einer Phase der Beziehung zwischen Mutter und Kind, sondern zugleich um die Chance einer Beziehung mit vergrößerten Freiheiten auf beiden Seiten, in einem wachsenden Umfeld, mit beiderseitigen Entlastungen und Bereicherungen.

Maren Grosser wird dies um so eher genießen können, je klarer sie die Situation sieht. Es kann ihr wirklich ein flaues Gefühl im Bauch erzeugen, wenn sie ihr Kind in den Kindergarten gebracht hat, und dann liegt ein Vormittag mit drei oder vier Stunden vor ihr, ohne daß da ihr Kind ist, das sie braucht, beschäftigt, erfreut oder stört. «Wer bin ich ohne diese Aufgabe? Andere arbeiten, wozu bin ich da?» fragt sie sich. Es ist gut, diese Erfahrung von Leere nicht zu schnell zu stopfen mit Volkshochschulkursen oder anderen Aktivitäten. In der Erfahrung dieser Leere wird sich erst langsam die Antwort auf die Frage ergeben:

«Wer bin ich, wer will ich sein, wenn ich nicht mehr 24 Stunden am Tag als Mutter gebraucht werde? Was will ich wirklich mit dieser neu gewonnenen Freiheit machen, für mich, für meine Familie, für andere Aufgaben?» Gefühle brauchen Zeit, das haben Mütter im Umgang mit ihren kleinen Kindern lernen können.

Mißtrauen gegenüber den Erzieherinnen

Eine Mutter mit Trennungsangst sucht sich natürlich Argumente, mit denen sie von ihren eigenen Gefühlen ablenken kann: «Kann ich den Erzieherinnen trauen? Sind die gut genug für mein Kind?» Die Angst vor dem Alleinsein und das Mißtrauen gegen die Erzieherinnen gehen so manchmal eine unselige Allianz ein und verstärken sich gegenseitig. Um so wichtiger ist es, sich Zeit zu lassen für die Klärung. Denn natürlich mag es berechtigte Gründe geben, die Arbeit im Kindergarten nach den ersten Erfahrungen kritisch zu befragen.

Ingrid Feil schildert die Situation aus ihren Erfahrungen so: «Um für unseren Sebastian dasein zu können, bin ich für drei Jahre aus meinem Beruf als Grundschullehrerin ausgestiegen. Drei Jahre habe ich sehr viel dafür getan, daß Sebastian selbständig aufwächst, daß er spürt, daß seine Wünsche und Gefühle zählen und akzeptiert werden, daß er seine Kreativität entfalten und möglichst angstfrei leben kann ... Jetzt ist er im Kindergarten, nicht nur, weil ich wieder in meinen Beruf einsteigen wollte, sondern auch, damit Sebastian als Einzelkind nicht zu lange ohne alltäglichen Kontakt zu Kindern aufwächst. Aber jetzt zweifle ich, ob die Erzieherinnen eigentlich ihrer Aufgabe gewachsen sind. Sie tun meines Erachtens viel zuwenig gegen den Terror der großen Jungen gegenüber den kleinen, sie sind viel zu sehr darauf aus, mit den Kindern irgendwelche Bastelprodukte herzustellen – und wenn ich frage, weshalb, so heißt es, weil die anderen Eltern das so wollten. Ich gelte schon als zickig-eingebildete Lehrerin, nur weil ich Rückfragen stelle ...»

Ingrid Feil würde es allen erleichtern, wenn sie in ihren Gesprächen mit den Erzieherinnen eingestehen würde, daß bei ihr eigene Ängste und Kritik am Kindergarten durcheinandergehen. Das würde sie geduldiger machen, ihr das Zutrauen geben, daß ihr Sebastian lernen wird, sich durchzusetzen.

Erfahrungsaustausch mit anderen Müttern

Hilfreich sind in solchen Fällen Gespräche mit anderen Müttern. Vielleicht wird sie folgendes hören:

Sebastian macht jetzt sicher in manchem schlechtere Erfahrungen als bei dir zu Hause. Das kann ja gar nicht anders sein, wenn er jetzt einer von 22 mit einer Erzieherin ist und nicht mehr mit dir allein. Aber er erlebt sicher auch ganz viel Neues. Achte doch einmal genau darauf, was er dazugewinnt, ohne dich. Und rechne auch die Frechheiten und die Fäkalsprache mal vorübergehend als einen Gewinn ...

Kinder sind hart im Nehmen. Ich denke, Sebastian wird lernen, sich durchzusetzen. Unterstützen Sie ihn dabei. Er hat von zu Hause eine stabile seelische Grundlage mitbekommen. Sie können ihm einiges zutrauen und einige Zeit abwarten.

Hast du eigentlich schon mit deinem Sebastian darüber gesprochen? Vielleicht hilft es euch beiden, wenn du ihm zeigst, daß du froh und *traurig bist, daß er jetzt in den Kindergarten geht. Vielleicht hilft auch ihm das, seine zwiespältigen Gefühle zu zeigen. Und dann könnt ihr gemeinsam sehen, wieviel Gutes auch an diesem Schritt ist, und ihr könnt gemeinsam überlegen, wie ihr mit den seelischen und den pädagogischen Schwierigkeiten umgeht.*

Das sind allesamt keine Patentrezepte, sicher nicht. Aber wir denken, daß in allen Argumenten ein sinnvoller Hinweis für betroffene Eltern stecken kann.

Schuldgefühle

«Habe ich mein Kind abgeschoben? Vernachlässigt? Bin ich eine ‹Rabenmutter›?» – «Vielleicht haben ja doch diejenigen recht, die sagen, ich hätte mich eben zwischen Beruf und Kind entscheiden müssen, beides zusammen gehe letztlich auf Kosten des Kindes.»

Schuldgefühle und Schuld sind zweierlei – und das zu beachten ist wichtig, gerade in einer Zeit gefühlsmäßiger Belastung. Sicher haben diejenigen recht, die Erziehende darauf hinweisen, daß niemand ein Kind erziehen kann, ohne ihm Wichtiges schuldig zu bleiben, ohne damit an ihm schuldig zu werden. Das kann schon passieren, wenn man seinem Kind nicht richtig zuhört, nicht spürt, daß es einen braucht ... Es gilt, angemessen, lernbereit und selbstkritisch mit diesem unvermeidbaren Sachverhalt umzugehen.

Gerade das aber verhindern Schuldgefühle. Diese verselbständigen sich, lassen alles als schuldhaft erscheinen, machen nicht selbstkritisch, sondern bedrücken, machen nicht lernbereit, sondern resigniert. Schuldgefühle sind keine angemessene Reaktion auf eine konkrete Situation, sie sind die Folge von Erfahrungen in der eigenen Kindheit, durch die sich das Gefühl ausbreitete, unzulänglich zu sein, und dies eigentlich ständig, gleichgültig, wie man sich verhält. Solche Schuldgefühle können leicht aktiviert werden, wenn man mit seinem Verhalten an eine tief eingeprägte Norm rührt.

Die Norm der «guten» Mutter

Und daß Mütter unentwegt für ihre Kinder dazusein haben, das ist eine vielen tief eingeprägte Norm. Sein Kind so früh wie möglich in den Kindergarten (oder noch früher in die Krippe) zu geben, das rührt an diese Norm und läßt die Schuldgefühle nach oben kommen. Und diese Schuldgefühle bekommen vielfache Nahrung. Da gibt es die alltägliche Ebene, Aussagen von anderen Eltern oder von Erzieherinnen: «Da schiebt sie ihr Kind in den Kindergarten ab, nur um in aller Ruhe Tennis spielen zu können.» Oder auf eine berufstätige Mutter gemünzt: «Das Kind konnte gar nicht früh genug in den Kindergarten gezwungen werden, nur damit die Eltern sich ein Wochenendhaus leisten.» Und manchmal mischt sich noch die eigene Mutter in den Chor: «Also, ich hätte dir das nie angetan!»

Und Verstärkung findet der Chor der Schuldzuweisenden bei prominenten Autorinnen und Autoren. Was wird berufstätigen Müttern nicht alles angelastet und vorgeworfen. Vor allem für die Null- bis

Dreijährigen wird von einzelnen Kinderärzten und Psychologen (z. B. Christa Meves oder Dr. Pechstein) mit Vehemenz verlangt, daß sie nur und ganz von der Mutter versorgt werden sollen.

Wer möchte sich schon vorwerfen (lassen), durch allzu frühe Fremdunterbringung seinem Kind nicht mehr wiedergutzumachenden Schaden zuzufügen, seine spätere Flucht in Drogen oder Kriminalität vorzubereiten. Das alles geschieht mit Hinweis auf wissenschaftliche Untersuchungen, so daß die Drohungen noch glaubhafter wirken.

Hilfreiche Fragen – Checkliste für Sie

Schuldgefühle und Schuldzuweisungen können für die Eltern bedrohliche Verbündete werden und den Anfang des Kindes im Kindergarten überschatten. Jede Weigerung des Kindes, in den Kindergarten zu gehen, kann dann riesengroße Fragen aufwerfen und als Anfang vom Ende der gedeihlichen Entwicklung des Kindes erscheinen.
Auch hier gilt es, auseinanderzuhalten, was sich bedrohlich zusammengeballt hat:

- Die eigenen Empfindungen, die das Problem der Eltern und nicht das Problem des Kindes sind.
- Die Erfahrungen Ihres Kindes samt der Frage, ob es nicht möglicherweise doch zu früh ist für Ihr Kind, bzw. mit welchen Hilfestellungen Sie ihm den Start verbessern können.
- Die wissenschaftliche Diskussion, die aber keineswegs auf die ablehnenden Stimmen zu reduzieren ist. Die pauschale These, daß Berufstätigkeit oder anders bedingte Abwesenheit der Mütter für die Kinder generell von Nachteil sei, läßt sich auch für die Kleineren nicht halten und sicher nicht für die Dreijährigen. Eine mit ihrer Lebenssituation zufriedene und berufstätige Mutter kann für ihre Kinder förderlicher sein als eine zwar ganztags anwesende, mit sich selbst aber im Konflikt

lebende Mutter. Entscheidend ist nicht die Quantität an Zeit, die Eltern und Kinder miteinander verbringen, sondern die Qualität der Beziehung zwischen ihnen.
- Die Auseinandersetzung mit den (vermuteten oder wirklichen) Vorwürfen durch Nachbarn oder Verwandte oder Erzieherinnen.
- Die Besinnung auf die eigenen Wünsche und Pläne der Mutter, die unabhängig vom Ergehen des Kindes auch ein Recht haben, wahrgenommen und realisiert zu werden.

Keine Gleichberechtigung für Mütter

Bei solchem Versuch, die einzelnen Anteile des bedrohlichen Konfliktes zu trennen, wird dann auch sichtbar, wie sehr die Mütter oft mit dem Problem – das ja eigentlich nicht nur sie betrifft – allein gelassen werden. Immer noch nicht werden die Väter in vergleichbarer Weise gefragt, warum sie ihr Kind «abschieben» oder warum sie nicht auf den Beruf verzichten, wenn sie sich für ein Kind entschieden haben.

Und davon, durch eine neue Aufgabenverteilung zwischen Mann und Frau das Dilemma der Frauen erträglicher zu machen, wird zwar viel geredet und geschrieben, in der Wirklichkeit aber machen die meisten Frauen das Problem noch immer mit sich allein ab. Hier kann das Gespräch unter Müttern denn auch vielleicht der Anfang einer Frauensolidarität werden, die Männer neu vor die Frage stellt, was sie zur Lösung dieses Problems beitragen.

Wo die Auseinandersetzung mit den Schuldgefühlen unterbleibt, da droht ein Verhalten, das den Konflikt zu entschärfen scheint, ihn aber nur verdeckt: Mütter versuchen ihre Schuldgefühle zu beschwichtigen, indem sie mit allerlei Liebesbeweisen an ihrem Kind wiedergutmachen wollen, was sie – oft nur scheinbar – versäumt haben.

Das jedenfalls spürt ein Kind schnell, daß es seine Mutter unter Druck setzen kann, wenn es droht, den Kindergartenbesuch zu verweigern. Auf die Dauer verkompliziert sich dann die Situation sehr, denn so bleiben die wirklichen Wünsche der Mutter und des Kindes hinter einem emotionalen Handel verborgen.

In diesem Kapitel war bisher fast nur von Müttern die Rede. Und das entspricht sicherlich weitgehend der Realität. Wären die Väter intensiver beteiligt an der alltäglichen Versorgung der Kinder und würden sie in gleicher Weise Einschnitte in ihre Berufstätigkeit vollziehen, wenn ein Kind geboren wird, so ginge es ihnen vermutlich kaum anders. Anders wäre vermutlich vor allem die Reaktion auf die Umwelt. Wer als Vater auch nur ein paar Stunden reduziert, der wird ebensosehr belobigt, wie die Mutter, die trotz eines kleinen Kindes ein paar Stunden außer Haus verbringt, kritisch begutachtet wird. Und anders wäre vielleicht auch die Fähigkeit vieler Männer, zu ihren eigenen Wünschen zu stehen, sie zu äußern und durchzusetzen.

Dazu wollen wir mit diesem Kapitel auch die Mütter ermutigen. Auf Dauer kann es dem Wohl des Kindes nicht dienlich sein, wenn die Mutter ihre Wünsche ständig unterdrückt. Aber der Weg, die eigenen Wünsche zu sehen und zu realisieren, führt durch psychisch schwieriges Gelände. Trennungsängste und Schuldgefühle sind zwei der größten Gefahren, die dabei überwunden werden wollen, indem sie erkannt und anerkannt werden.

Ein Buch zum Weiterlesen

Sollten Sie keine Gesprächspartner zu diesen Konfliktsituationen finden, so helfen Ihnen vielleicht die Erfahrungen betroffener Mütter:
Margrit Jansen / Ulrike Seibert: Kinder und Job. Erfolgsrezepte für berufstätige Mütter, rororo 60203

Mag mein Kind die Erzieherin mehr als mich?

Nach einigen Anfangsschwierigkeiten wird für Franziska der Kindergarten zunehmend attraktiv, vor allem die Erzieherin. «Manuela sagt aber ...», «Manuela tut ...» – ständig gibt es die neue Autorität «Manuela». Die Erzieherin, die anscheinend alles weiß, alles richtig macht und «soo lieb ist». Manuela findet, daß es gut ist, vor dem Essen zu beten, also muß nun auch zu Hause gebetet werden. Manuela fürchtet sich vor Spinnen, also sind Spinnen ab sofort «igitt».

Franziskas Mutter empfindet ihre Tochter als treulos. Nun könnte es problematisch werden, wenn Mutter und Erzieherin tatsächlich in einen Wettbewerb um die Frage eintreten: «Wer von uns ist beliebter?», «Wer ist die bessere ‹Mutter›?»

Entspannter wird die Lage für Franziskas Mutter, wenn sich beide klarmachen, daß sie für das Kind nicht austauschbare Personen sind. Franziska orientiert sich jetzt probeweise an jemandem außerhalb der Familie. Das kann sie nur, weil die familiäre Erziehung sie offensichtlich selbständig und stark genug gemacht hat.

Franziskas Mutter braucht nicht um des lieben Friedens willen oder der guten Erziehung wegen alles zu tun, was Franziska in Manuelas vermeintlichem Auftrag zu Hause durchsetzen will. Natürlich kann sich die Familie nun anregen lassen, doch auch zu Hause ein Tischgebet einzuführen, wenn das alle wirklich wollen. Franziska nimmt aber keinen Schaden, wenn sie lernt, daß im Kindergarten gebetet wird und zu Hause nicht. Sie kann das verkraften, wenn die Erwachsenen einander tolerieren und nicht abwerten.

Das Kind erweitert seinen Kreis

Franziska mag nun also auch ihre Erzieherin. Wie gut, denn das heißt eben, aus der Distanz betrachtet, nicht, daß sie ihre Mutter weniger oder nicht mehr liebt. Sie hat den Kreis der ihr wichtigen Menschen erweitert.

Die Liebe von Franziskas Mutter besteht in dieser Phase auch darin, ihrem Kind dieses Stück Freiheit in der Identifikation einzuräumen und ihm doch nahezubleiben und nicht schadenfroh auf den voraussehbaren Tag zu warten, an dem Franziska von ihrer Manuela bitter enttäuscht werden muß. Denn die Erzieherin hat 20 oder mehr Kinder in der Gruppe, sie kann auf Dauer nicht Franziskas ausschließlichen Erwartungen gerecht werden, sie muß sie früher oder später enttäuschen. Und dann können Mutter und Erzieherin der kleinen Franziska zu einer weiteren wichtigen Erfahrung verhelfen: daß die Zuwendung einer Erzieherin auch schön ist, wenn sie mit anderen geteilt werden muß.

Und wenn mir die Erzieherin nicht zusagt?

Mutter und Erzieherin sind beide kompetente Pädagoginnen «ihrer» Kinder, sie haben aber unterschiedliche Kompetenzen. Die Mutter sieht das Kind aus ihrer Erfahrung im täglichen Umgang. Sie kennt es in seiner Einmaligkeit, in allen Höhen und Tiefen, weiß, was es an Schwierigkeiten schon überwunden hat. Die Erzieherin erlebt das Kind als eines von 20 in ihrer Gruppe und kann es mit anderen vergleichen.

Diese unterschiedliche Perspektive kann zum Konfliktstoff zwischen Müttern und Erzieherinnen werden. Dazu kommen die verschiedenen Aufgaben, die Mütter und Erzieherinnen mit und an dem Kind zu bewältigen haben.

Die hat gut reden!

Aus dieser unterschiedlichen Sicht fällt in einer konkreten Konfliktsituation dann leicht der Satz: «Die hat gut reden!» Er interessiert uns hier als Ausdruck von Müttern, die signalisieren, daß sie sich von der Erzieherin nicht verstanden fühlen. Einige Beispiele:

Katharina
Frau Radewald holt ihre Katharina an einem Wintertag zur Mittagszeit ab. Sie hat sich an ihrem Arbeitsplatz, einer Halbtagsstelle, furchtbar beeilt, um rechtzeitig zu kommen. Beim Anziehen stellt sie fest, daß einer der beiden Handschuhe fehlt, die sie erst vor zwei Wochen neu erstanden hat. Jetzt also wieder der zeitraubende Gang zum Geschäft, wieder die Ausgabe. Muß das denn sein, können die Erzieherinnen denn nicht wenigstens auf die Kleider achten, wenn sie schon nichts anderes tun, als mit den Kindern spazierenzugehen, denkt sie. Aus dieser Stimmung heraus sagt Frau Radewald zur Erzieherin: «Könnten Sie mir bitte den linken Handschuh von Katharina geben?» Die Erzieherin erschrickt über den spitzen Unterton. Sie ist noch ganz erfüllt von dem aufregend schönen Spaziergang durch den winterlichen Park. Sie hat mit den Kindern Bäume befühlt und die Tiere gefüttert. Sie war ganz glücklich, wie die Kinder auf die Impulse eingegangen sind. Natürlich haben die Kinder beim Betasten der winterlichen Rinden die Handschuhe ausgezogen. Dabei muß offenbar Katharina einen Handschuh verloren haben. Ist das denn so schlimm? Gerade Katharina war heute so intensiv beteiligt an den Erkundungen. Muß ihr die Mutter denn das jetzt alles vermiesen, nur wegen dieses Handschuhs? Hätte sie nicht zuerst fragen können, was die Kinder erlebt haben? Aus dieser Stimmung heraus gibt sie an Frau Radewald zurück: «Ja, ist denn der Handschuh das Wichtigste? Interessiert es Sie denn gar nicht, was Katharina heute alles erlebt hat?»

«Die hat gut reden», so kommentiert Frau Radewald den Vorfall, als sie auf dem Heimweg mit einer anderen Mutter noch ein paar Worte wechselt.

Fabian
Frau Handrich hat drei Kinder. Christian geht in die erste Klasse und kommt zu wechselnden Zeiten zurück. Annalena ist zwei Jahre alt, der vierjährige Fabian besucht den Kindergarten. Frau Handrich ist oft genug in Hetze, um rechtzeitig zum Abholen am Kindergarten zu sein. Aber es gibt Tage, an denen sie es einfach nicht schafft. Fabian hat ihr schon mehrfach, offenbar die Erzieherin zitierend, erklärt: «Es ist gar nicht schön, wenn die Muttis zu spät zu ihren Kindern kommen.»

Heute, Annalena hatte sich beim Anziehen verweigert, hört sie selbst von der Erzieherin mit demonstrativem Blick auf die Uhr: «Ich darf doch bitten, in Zukunft pünktlich zu sein.» Frau Handrich nimmt wortlos ihren Fabian an die Hand und verläßt den Kindergarten mit dem Gefühl, eine beim Schummeln ertappte Schülerin zu sein. Die Erzieherin, täglich im Zwang, 20 Kinder zu koordinieren, kann ihrerseits nicht verstehen, wie es denn für eine Nur-Hausfrau so schwierig sein kann, ein Kind pünktlich abzuholen. Als Fabian auf dem Heimweg seiner Mutter zu erzählen beginnt: «Frau Jacobs sagt ...», da rutscht er Frau Handrich heraus, jener Abstand schaffende Satz: «Die hat gut reden!»

Erzieherinnen und Eltern haben andere Erfahrungen und andere Aufgaben im Umgang mit denselben Kindern. Deshalb ist es unabdingbar, daß sie sich über ihre verschiedenen Wahrnehmungen austauschen. Es ist für eine Erzieherin gar nicht so einfach, sich in die Situation der Mütter hineinzuversetzen, und umgekehrt.

Was tun die denn schon?

Der Beruf der Erzieherin zählt mit Sicherheit zu den am meisten unterschätzten – und unterbezahlten – Berufen. Inzwischen gibt es auch einige Männer in diesem Beruf. Aber die Erziehung ist im Kindergarten – und im Grundschulbereich – eine Domäne der Frauen geblieben. Noch immer sehen viele in der Erzieherin keine Fachfrau, die einen anspruchsvollen pädagogischen Beruf ausübt, sondern eine vorübergehende Ersatzmutter, eine «Tante», wie ja die Anrede lange hieß. Alles, was die Erzieherin braucht, ist demnach also ein gutes Herz, eine gewisse Mütterlichkeit. Im besten Fall hat ihr die Natur alles mitgegeben, was sie für ihren Beruf braucht. «Was lernen die denn immer noch!» hört man Mütter seufzen, wenn der Kindergarten wegen Fortbildung der Erzieherinnen einen Tag geschlossen bleibt.

Aber die fachliche Betreuung und Erziehung von 20 ganz unterschiedlichen Kindern für eine befristete Zeit ist eine andere Arbeit, als eine Mutter sie tut, es braucht mehr als Mütterlichkeit dafür.

Erzieherinnen fühlen sich zu Recht verkannt, wenn ihre Arbeit auf

Mütterlichkeit reduziert wird, wenn offenbar nicht gesehen wird, was sie an pädagogischer Arbeit, an Planung, fachlichem Eingehen auf die unterschiedlichen Bedürfnisse der Kinder, in Elterngesprächen, im Umgang mit Träger und Öffentlichkeit leisten.

Erzieherinnen haben es hierzulande noch nicht erreicht, daß ihre Arbeit der von Lehrerinnen gleich geachtet und entsprechend bezahlt wird.

Auch das Selbstbewußtsein der Erzieherinnen leidet unter dieser Unterbewertung ihrer Arbeit. Wenn schon nicht mit Geld, so sollte doch wenigstens durch Anerkennung ihre Arbeit gewürdigt werden.

Erzieherinnen sitzen in der Tat manchmal bei schönem Wetter am Sandkasten oder springen gar im Bikini durch das Planschbecken. Mütter spielen in der Tat manchmal, solange das Kind im Kindergarten ist, Tennis oder gehen zur Friseurin.

«Haben die es aber gut!», der Satz wird geradezu zur Waffe zwischen Müttern und Erzieherinnen, die einander nicht verstehen. Wenn es doch wahr wäre, möchte man als Außenstehender sagen. Je stärker Eltern und Erzieherinnen sich aufeinander einlassen, um so eher werden sie auch sehen können, was die anderen jeweils tun.

Frau M. ist doch zu alt für diesen Beruf

Zu den Vorurteilen über Erzieherinnen, die dringend der Revision bedürfen, gehört auch, daß ältere Erzieherinnen veraltete pädagogische Vorstellungen hätten. An manchen Orten gilt der Kindergarten als der bessere, der die jüngere Leiterin hat, weil Eltern davon ausgehen, daß nur jüngere Erzieherinnen pädagogisch auf der Höhe der Zeit liegen.

Aus der Kenntnis vieler älterer Erzieherinnen wollen wir hier dafür werben, diese Frauen nicht abzustempeln. Sicher gibt es ältere Erzieherinnen, die müde geworden sind und resigniert haben. Aber oft sind Ältere für die Kolleginnen, für die Kinder und die Eltern ein großer Gewinn. Ihre große Erfahrung bewahrt sie z. B. vor vorschnellen Urteilen etwa über die Auffälligkeit von Kindern und ihre Entwicklungschancen. Ältere Erzieherinnen haben schon einige pädagogische

Moden kommen und gehen sehen. Deshalb können sie mit größter Gelassenheit an Bewährtem festhalten, aber auch Mut zu überlegten Neuerungen fassen.

Auch für Kinder aus den heutigen kleinen Kernfamilien kann der alltägliche Kontakt zu einer älteren Bezugsperson eine wichtige Erfahrung sein, die ihnen zu Hause fehlt, weil die Oma zu weit weg wohnt oder nicht mehr lebt.

Manche Kindergärten verdanken ihre gute Arbeit der langfristigen Anwesenheit einer Erzieherin, die Generationen von Praktikantinnen begleitet hat und inzwischen die Mutter der Erzieherinnen sein könnte. Genauso wie umgekehrt diese Erzieherin nicht die vielen Ideen, das Engagement, den anderen Umgang mit den Kindern bei den jungen Kolleginnen missen möchte.

Ist das die richtige Frau für unser Kind?

Familie Kurt wohnt noch nicht lange in Klein-Hausen. Sie haben zwei Kinder im Alter von drei und sieben Jahren. Die Tochter ist im Kindergarten bereits angemeldet, und nun erhalten sie die Nachricht, daß Katharina in sechs Wochen in die Gruppe von Frau März aufgenommen wird.

Bei der Anmeldung gibt ihnen die Leiterin einen Überblick über die Arbeit des Kindergartens. Frau März lernen sie an diesem Tag nicht kennen. Im Anschluß an einen Elternabend in der Schule, die ihr Sohn besucht, kommen sie mit einigen Eltern ins Gespräch, die ihre Kinder bei Frau März in der Gruppe hatten. Sie sind neugierig und fragen nach, welchen Eindruck sie von der Arbeitsweise der Erzieherin hätten.

Eine Mutter meint, Frau März habe sich nicht genügend um ihren Sohn gekümmert. Eine andere klagt, daß die Erzieherin zuwenig Zeit für sie hatte, wenn sie morgens ihre Tochter brachte. Andere Eltern äußern, daß sie sehr zufrieden gewesen seien, ihre Kinder gern in der Gruppe waren und sie es unterstützten, wenn Frau März nicht gleich jeden Konflikt in der Gruppe löste, sondern das den Kindern selbst überließ.

Christiane und Arnold Kurt gehen nachdenklich nach Hause. Wie wird es ihrer Tochter im Kindergarten ergehen?

Berichte und Informationen geben immer nur einen Teil bzw. einen Ausschnitt einer Erfahrung wieder. Sie sind geprägt von eigenen Erwartungen, Ansprüchen, Empfindsamkeiten und Enttäuschungen. Sie berichten oftmals nicht über den Hintergrund einer Situation, den Anlaß oder die Beweggründe einer nicht gelungenen Beziehung zwischen Eltern, Erzieherinnen und Kindern.

Deshalb sollten Eltern sich nicht nur auf die Informationen anderer verlassen. Katharinas Eltern sollten einen anderen Weg gehen, nämlich mit Katharinas zukünftiger Erzieherin ein oder zwei «Schnupperstunden» vereinbaren. So können sich Katharina und ihre Eltern, die bei diesen Teststunden in vielen Kindergärten dabeisein dürfen, einen eigenen Eindruck verschaffen.

Wer entscheidet, was für mein Kind gut ist?

Im Kindergarten in Großdorf ist Umwelterziehung angesagt. Und natürlich kommt nach dem Putzschrank, der Wiese und dem Müll auch das Frühstück in die ökologische Revision. Die Erzieherinnen erklären es den Kindern und in einer Elternzeitung auch den Eltern, daß in Aluminium verpackte Milchschnitten und verzuckerte Säfte aus mehreren Gründen abzulehnen sind.

Kristianas Mutter sieht das ja auch alles ein. Aber ihre Kristiana verhält sich durchaus zwiespältig. Sie moniert zugleich die im Kindergarten verpönten Sachen zu Hause und will sie doch haben. Und ihr Mann macht es ihr wahrlich auch nicht leichter. Er hält das alles für Gerede von Leuten, die sich verrückt machen lassen. Und zudem ist es für Ellen Knapp zeitaufwendiger, ein Stück Brot zu schmieren und einen Kakao in die Flasche zu füllen. Frau Knapp fühlt sich in einer Zwickmühle, und sie findet, daß die Erzieherinnen sie in diese gebracht haben.

So kommt es nach diversen Andeutungen früher oder später zum Knall. Lautstark, weil sie sich ihrer Sache gar nicht sicher ist, moniert Ellen Knapp, es sei schließlich ihre Sache als Mutter zu entscheiden, was ihre Kristina trinkt und ißt. Und sie verbittet sich die Einmischung des Kindergartens in Angelegenheiten der Familie.

Die Erzieherinnen ihrerseits sind entsetzt, welche Reaktionen ihre doch in bester Absicht begonnenen und auch für sie mit allerlei Mühen verbundenen Aktivitäten hervorrufen. Und manche Eltern sehen es ja auch ein. Warum denn Ellen Knapp nicht?

Aus einer Sachfrage, welche Ernährung für Kinder richtig ist und wie großzügig der Umgang damit sein kann, ist ein *Machtkampf* geworden. Dazu kommt es dann besonders schnell, wenn beide Seiten von der These ausgehen, in Elternhaus und Kindergarten müßten in allen Bereichen, also auch bei den Eßgewohnheiten, dieselben Regeln gelten.

Nun gehört das Frühstück zu den Schnittmengen zwischen Familie und Kindergarten. Mag sein, die Lösung liegt in Großdorf auf die Dauer darin, daß das Frühstück für alle Kinder gemeinsam im Kindergarten zubereitet wird. Bis dahin sollte eine Regelung gesucht werden, die den Kindern gerecht wird, nicht aber einen Machtkampf zwischen Familie und Kindergarten entfacht. Ist es für Kristina wichtiger, daß ihre Eltern die Umwelterziehung im Kindergarten respektieren und damit überhaupt das Kind ernst nehmen? Dann findet Ellen Knapp vielleicht auch einen Weg, das Frühstück entsprechend zu gestalten. Oder ist es wichtiger, daß Kristina im Kindergarten gegen die «Müsli-Fraktion» den Traditionen der Familie treu bleibt, nicht anders als ein türkisches Kind, das eben kein Schweinefleisch mitißt? Das läßt sich nur im Gespräch zwischen Eltern und Erzieherinnen und von beiden mit Kristina entscheiden.

Was im Kindergarten alles passieren kann

(Irmgard Wagner)

Mein Kind hat sich verletzt

Der morgendliche Abschied, besonders zu Beginn der Kindergartenzeit, ist für Eltern oftmals mit zwiespältigen Gefühlen und mit der Sorge verbunden: «Wie werde ich mein Kind später wieder in Empfang nehmen? Wird es traurig oder froh sein? Wird es müde oder aufgekratzt sein? Wird es begeistert von seinen Erlebnissen berichten? Wird es Streit erlebt haben? Wird es vielleicht gar verletzt sein?»

In der Tat ist der Kindergartenalltag für das Kind gefüllt mit Erlebnissen körperlicher und seelischer Art, die gelegentlich auch schmerzvoll sein können. Kinder bekommen Streit miteinander, wahrscheinlich hauen sie sich auch gegenseitig. Das tut weh. Wie der Streit selbst, die Beule, der blaue Fleck oder die Platzwunde, die zwar selten, aber eben manchmal doch, klafft. Kinder begegnen Kindern und lernen, sich mit ihnen auseinanderzusetzen. In der Kindergruppe entstehen Streitigkeiten um ein Spiel und um einen Freund, den man nicht verlieren möchte. Es sind Auseinandersetzungen, die wichtig sind für das Kind, dafür, wie Konflikte ausgetragen werden können und wie man sich wieder versöhnt.

Dies ist oft mit Frust, Trauer oder Enttäuschung verbunden. Als Eltern sollten Sie wissen: Wenn Ihr Kind im Kindergarten Schmerz erleidet, ob an Seele oder Körper, dann ist es nicht allein. Es findet Trost bei den anderen Kindern und bei der Erzieherin. Es ist jemand da, der sich um Ihr Kind kümmert.

Für Kinder ist es eine wichtige Erfahrung, außer den vertrauten Reaktionen der Eltern auch andere Möglichkeiten zu erfahren, mit Schmerz, Trauer und Trost umzugehen. Sie erleben, daß sie auch fern von den Eltern nicht verlassen und verloren sind, wenn sie einmal in Not geraten. Dies macht Mut auf dem Weg zur Eigenständigkeit.

Wenn dem Kind nun doch etwas zustößt, so wird die Erzieherin alles tun, um ihm zu helfen. Sie selbst hat sich durch Fortbildungen und Erste-Hilfe-Kurse auf solche Situationen vorbereitet. Weil es manchmal auch angebracht ist, die Eltern zu benachrichtigen, sollten Sie möglichst eine Telefonnummer im Kindergarten hinterlegen. So wissen die Erzieherinnen, wie man Sie tagsüber verständigen kann oder wer angerufen werden kann, wenn Sie einmal nicht erreichbar sein sollten. Es ist für Ihr Kind und die Erzieherin sehr beruhigend, wenn sie wissen, daß die Eltern im Notfall sofort kommen können. Hilfreich ist es auch, wenn Sie im Vertrauen, daß so etwas nicht nötig sein wird, ebenfalls vermerken, welcher Hausarzt für Ihr Kind zuständig ist.

Die Erzieherin wird bei einer Verletzung bei Ihrem Kind bleiben und dafür sorgen, daß die anderen Kinder nicht allein gelassen werden. Aus versicherungstechnischen Gründen darf sie das Kind nicht mit dem eigenen Pkw zum Arzt bringen, sondern muß einen Krankentransport oder ein Taxi rufen. Die Erzieherinnen werden zuerst immer bei Ihnen anrufen, damit Sie die Möglichkeit haben, mit Ihrem Kind selbst zum Arzt zu fahren und bei Ihrem Kind zu sein.

Bei Enttäuschung, Ärger oder gar einer Verletzung fragen sich Eltern sehr schnell: «Wo war denn da die Erzieherin? Hat denn niemand gesehen, was mit meinem Kind passiert ist?» Denken Sie daran, daß sich Ihr Kind sogar dann verletzen kann, wenn eine Erzieherin direkt neben ihm steht. Sprechen Sie die Erzieherin nach einem Unfall Ihres Kindes an. So erfahren Sie, wie es dazu kam, und können erkennen, ob es sich um eine der vielen Situationen handelte, die beim besten Willen nicht zu vermeiden sind, ob es sich um ein Mißgeschick handelte oder ob das Kind in einer gefährlichen Situation wirklich allein gelassen wurde.

Solche Gespräche können helfen, ungerechte Vorwürfe zu vermeiden und sich gemeinsam mit den Erzieherinnen klar darüber zu werden, welche Dinge der Veränderung bedürfen. Ob beispielsweise neue Regeln erforderlich sind oder alte überflüssig. Ob den Kindern zuviel zugetraut wurde und ob eventuell kleinere Schritte gegangen werden

Eine neue Erfahrung: Nicht die Mama, sondern die Erzieherin und andere Kinder trösten

sollten. Vergessen Sie bei aller Sorge jedoch bitte nicht, daß Sie Ihrem Kind nicht helfen, wenn es überbehütet wird. Alle Untersuchungen zeigen, daß gerade ängstliche Kinder oder Kinder von überfürsorglichen Eltern gefährdeter sind als andere. Und daß Kinder, die sich viel bewegen, geschützter sind als andere.

Freiräume sind wichtig

Für die Entwicklung eines Kindes ist es von grundlegender Bedeutung, zunehmend zu lernen, Freiräume auszuschöpfen und zu gestalten. Dabei kann es Schritt für Schritt immer unabhängiger von der Anleitung und Begleitung durch erwachsene Bezugspersonen werden. Der Kindergarten ist ein Ort, in dem solche Fähigkeiten und Fertigkeiten der Kinder frühzeitig angeregt und unterstützt werden. Je nach Konzeption finden die Kinder ein Angebot von durchgeplanten und organisierten Tagesabläufen bis zu offen gestalteten Spielangeboten und Spielbereichen in den Räumen des Kindergartens und im Außengelände vor. Das Maß an Freiraum und Anleitung, an Aufsicht und Eigenentwicklung, das Eltern und Erzieherinnen jeweils für richtig und angemessen halten, hängt davon ab, was sie als gut und richtig für das Leben ihrer Kinder ansehen. Alle, die darüber entscheiden, sollten sich bewußt sein, daß Kinder Entdeckungen machen und Gefahren bestehen wollen – genauso wie sie Schutz und Geborgenheit brauchen.

Ihr Kind braucht Vertrauen in seine Umgebung, aber auch in sich, Situationen bewältigen zu können. Es muß lernen dürfen, für sich selbst verantwortlich zu sein und auf sich aufzupassen. Damit hat es den besten Schutz, den es bekommen kann.

Wenn Sie sich wieder einmal zu sehr sorgen, prüfen Sie in Gedanken, was Sie als Kind alles gemacht haben oder in diesem Falle tun würden.

Die Aufsichtspflicht der Erzieherin

Mit der Anmeldung Ihres Kindes im Kindergarten erklären Sie, daß Sie Ihre Aufsichtspflicht für die Dauer und den Umfang der dortigen Betreuung an die Einrichtung bzw. den Träger der Einrichtung abgegeben haben. Wenn der Träger die Anmeldung annimmt, kommt der Vertrag – Betreuungsvertrag, Aufnahmevertrag oder ähnliches – zustande.

Da ein Träger nicht selbst die Aufsichtspflicht übernehmen kann, überträgt er diesen Auftrag an die Leiterin und die Erzieherinnen des Kindergartens. Für die Erzieherinnen bedeutet dies, immer zu wissen: wo, mit wem und womit die Kinder spielen. Es ist aus rechtlicher Sicht nicht erforderlich, daß sie sich selbst immer bei den Kindern aufhalten müssen. Es obliegt ihrer Verantwortung zu entscheiden, welche Spielbereiche und Spielsituationen für die Kinder gefahrvoll sein können bzw. ihre Anwesenheit erfordern und welche nicht.

Diese pädagogische Haltung wird durch das Kinder- und Jugendhilfegesetz (KJHG) § 9,2 und § 21,1 unterstützt. Hier heißt es, daß es Aufgabe der Erzieherinnen ist, die Kinder gemäß ihrer Entwicklung zu eigenverantwortlichen und gemeinschaftsfähigen Persönlichkeiten zu erziehen.

Die Aufsichtsführung soll gewährleisten, Gefahren abzuwenden. Jedoch nicht um jeden Preis. Um Selbständigkeit zu fördern, müssen Eltern und Erzieherinnen den Kindern Freiräume gewähren – die stets gewisse Risiken bergen, sonst wären sie keine Freiräume.

Es ist Aufgabe aller erziehungsberechtigten Personen, die Kinder zu befähigen, damit umzugehen. Die Risiken sollen allerdings im angemessenen Verhältnis zum Nutzen stehen, d. h. nicht jedes ist einzugehen, aber ein Kindergarten darf auch kein «lebensferner Schonraum» sein.

Der Kindergarten unterliegt einer hohen Kontrolle durch Sicherheitsüberprüfungen der Gemeindeunfallversicherung, der Bauabnahme, der Feuerwehr und des Gesundheitsamtes. Im Grundsatz ist alles zum Wohl des Kindes getan.

Dennoch ist das Thema Aufsichtspflicht immer wieder mit vielfältigen und vielschichtigen Fragen und Unsicherheiten verbunden, da es von uns Erwachsenen Verantwortung und Risikobereitschaft erfordert.

Wenn im Kindergarten Aufsichtspflicht zum Thema wird, steckt oftmals anderes dahinter, für das die Aufsicht herhalten muß. Das folgende Beispiel soll zeigen, wie Aufsichtspflicht vorgeschoben wird, um selbst keine Verantwortung übernehmen zu müssen:

Die Erzieherinnen haben an der Weiterentwicklung ihrer pädagogischen Konzeption gearbeitet und überprüft, ob sie die von ihnen formulierten Ziele in der Arbeit mit Kindern auch umsetzen. Eines ihrer Ziele heißt, die Kinder in ihrer Selbständigkeit und Eigenständigkeit zu fördern. Sie beschließen, Kinder selbst entscheiden zu lassen, was sie wo und mit wem spielen möchten. Dabei steht es den Kindern frei, zu Freunden in die Nachbargruppe zu gehen oder im Außengelände ihr angefangenes Spiel fortzusetzen, auch wenn sich nicht alle Kinder draußen aufhalten und die Erzieherin in der Gruppe zu tun hat. Gemeinsam mit den Erzieherinnen haben die Kinder Regeln aufgestellt, was sie zu beachten haben. Einige Eltern stehen dieser Entwicklung skeptisch gegenüber und machen sich Sorgen, daß ihren Kindern etwas passieren könnte. Sie wenden sich an die Leiterin des Kindergartens und an den Träger der Einrichtung und fordern, diese Freiräume einzuschränken, da sie eine Aufsichtspflichtverletzung darstellen. Sie beschuldigen die Erzieherinnen, ihrer Aufgabe nicht nachzukommen.

Es ist verständlich, wenn Eltern sich um ihre Kinder sorgen. Aber es ist auch ein hoher Vertrauensbeweis und ein großartiger Lernerfolg, wenn Erzieherinnen und Kinder gemeinsam solche Regeln aushandeln. Keine Erzieherin wird dies leichtfertig tun. Ehe in solch einer Situation gegenseitige Unterstellungen ausgesprochen werden, sollten Eltern und Erzieherinnen sich zu einem klärenden Gespräch über Ängste und Befürchtungen der einen Seite und den pädagogischen Zielen der anderen Seite zusammensetzen. Mit großer Wahrscheinlichkeit können Eltern danach genauer beurteilen, ob es sich um Leichtsinn und Gleichgültigkeit oder um Verantwortungsbewußtsein handelt.

Es gibt aber auch Erzieherinnen, die ängstlicher als Eltern sind und sich durch scheinbar drohende Strafen davon abhalten lassen, den Kindern eine eigenständige Entwicklung angedeihen zu lassen. Dann brauchen diese Erzieherinnen Unterstützung von Ihnen als Eltern, damit sie mutig werden und Ihre Kinder nicht mit unnötigen Verboten einschränken. Angst ist auch für Erzieherinnen kein guter Ratgeber.

Wer sein Handeln gut begründen kann, braucht keine Angst vor der Aufsichtspflicht zu haben. Und wer weiß, daß Eltern eine Erziehung zur Selbständigkeit stützen, kann sich in seiner Arbeit an dem, was sinnvoll ist, orientieren und nicht am vermeintlich drohenden Zeigefinger. Sprechen Sie miteinander, wie Sie Kindern die wichtigen und spaßmachenden Freiräume erhalten oder wieder rückerobern können.

Mein Kind leidet unter einem anderen Kind

(Anne Kettner-Grosbüsch)

Manchmal erfahren Eltern erst nach einiger Zeit, z. B. abends beim Gutenachtsagen, daß es ihrem Kind im Kindergarten nicht gut geht. Es leidet vielleicht unter einem anderen Kind oder einer Gruppe von Kindern:

- weil es eingeschüchtert wurde,
- weil es geschlagen wurde,
- weil es erpreßt wurde und sein Essen oder ein Spielzeug hergeben mußte,
- weil es vom Spiel ausgeschlossen wurde.

Für die betroffenen Kinder bedeutet dies: Angst, Ohnmacht, Wut, Kränkung, Hilflosigkeit und Scham.

Wenn wir davon erfahren, kann uns das in unserem Mitgefühl für das Kind sehr empören. Solche Auseinandersetzungen kommen jedoch unter Kindern überall vor. Jeder von uns kennt ähnliche Begebenheiten aus seiner Kindheit. Mal waren wir selbst die Leidtragenden, mal war man selbst gemein und hat andere traktiert. Der Kommentar der meisten Erwachsenen: «Wehr dich doch!»

Es ist zwar richtig, wenn wir Kinder ermutigen, sich zu behaupten. Nur ist das dann keine Ermutigung, wenn sie der Situation noch nicht gewachsen sind. Dann macht dieser Rat und die damit verbundene Erwartung an ihr Durchsetzungsvermögen noch hilfloser.

Wirkliche Hilfe bekommt das Kind, wenn wir ihm ernsthaft zuhören. Dabei erfahren und erkennen wir, wovor sich das Kind fürchtet, was es besonders kränkt und wovon es sich einschüchtern läßt. Weiter kann man mit dem Kind gemeinsam überlegen, wie es sich in der entsprechenden Situation verhalten könnte, welche Möglichkeiten es hat, sich zu verteidigen, und woher es sich Hilfe holen könnte. Wenn es eine angstbesetzte Situation mit den Eltern in Gedanken durchspielen und dabei überlegen kann, was ihm helfen könnte, nimmt ihm das häufig schon ein Stück Furcht. Dabei können Sie unterschiedliche Lösungen durchspielen und überlegen: «Was passiert,

«Mal gucken, ob der weint, wenn ich das Auto auf ihn werfe.»

wenn ich dies oder das tue ...?» Mit Ihrem Verständnis kann es mit neugewonnenem Selbstvertrauen aus solchen Konflikten hervorgehen.

Oft ist es auch ratsam, mit der Erzieherin zu sprechen. Vielleicht ist ihr am Verhalten des Kindes auch schon aufgefallen, daß es niedergeschlagen wirkt, oder aber die Auseinandersetzungen zwischen den Kindern sind ihr entgangen, weil sie im Verborgenen geschahen. Die Erzieherin wird mit Ihnen und Ihrem Kind überlegen, wie die bedrückende Situation verändert werden kann, und wird Ihr Kind aufmerksam begleiten.

Wichtig ist, daß ein Kind eine Unterstützung erfährt, mit der es die Situation so eigenständig wie möglich bewältigen lernt. Wir Erwachsenen sollten vor allem nicht versuchen, den Konflikt stellvertretend für unser Kind zu lösen. Am besten wäre es, wenn mit den betroffenen Kindern gemeinsam nach Lösungen gesucht werden könnte.

«Wer hilft mir» fragt der Getroffene.

Mein Kind wird zum Außenseiter

(Anne Kettner-Grosbüsch)

Kinder haben unterschiedliche Interessen und Wünsche. Sie haben Vorlieben und Abneigungen und brauchen Zeit, sich in eine Gruppe einzuleben. Da kann es schon vorkommen, daß ein Kind sich ganz anders verhält als andere und eine Außenseiterrolle einnimmt. Aus ganz unterschiedlichen Motiven will es nicht immer alles mitmachen, was andere Kinder tun. Manchmal hat es z. B. Gewohnheiten, die andere Kinder in der Gruppe nicht verstehen.

Hier müssen Eltern und Erzieherinnen aufmerksam werden und mit Einfühlungsvermögen herausfinden, was das betroffene Kind stört oder was es hindert, am Spiel der anderen teilzunehmen. Oft stellt sich heraus, daß solch ein Außenseitersein nur ein Anderssein ist.

Anders-Sein

Hier ein Beispiel aus der Praxis: Die Erzieherin bittet die Mutter von Claudia um ein Gespräch. Sie ist besorgt, denn Claudia nimmt nicht am Spiel der anderen Kinder teil. Claudia steht oft nur da und beobachtet. Die Erzieherin läßt Claudia Zeit, weil sie noch neu in der Gruppe ist. Hin und wieder laden die Kinder und die Erzieherin Claudia ein, doch mitzuspielen. Sie lehnt ab. Die Erzieherin erfährt in dem Gespräch mit der Mutter, daß Claudia zu Hause alle Spiele und Lieder spielt und singt, die sie im Kindergarten gesehen und gehört hat. Sie verabreden, Claudia Zeit zu lassen, damit sie selbst bestimmen kann, wann sie den ersten Schritt macht. Es dauert nicht lange, und Claudia fängt an mitzusingen und setzt sich bei Gruppenspielen in den Kreis der anderen Kinder.

Kinder brauchen unterschiedlich lange, um sich in eine Gruppe hineinzufinden. Jede Erzieherin kann bei sich selbst und anderen Kolleginnen beobachten, wie sehr die eigene Berufsrolle dazu verleitet, das Verhalten des einzelnen Kindes zu schnell vom Aspekt der Gruppendynamik aus zu betrachten. Das ist kein böser Wille, sondern geschieht schon einmal aufgrund der vielfältigen Temperamente, unterschiedlichen Interessen und Wünsche der Kinder. Manche Kinder fordern laut und anhaltend Aufmerksamkeit, andere Kinder ziehen sich eher zurück. Eine Situation, in der einzelne leicht einmal an den Rand einer Gruppe gedrängt werden können.

Gerade deshalb ist es wichtig, daß nicht zu viele Kinder in einer Gruppe sind und genügend Personal da ist. Eine Aufgabe, die Eltern, Erzieherinnen und Trägervertreterinnen immer wieder zu beachten haben.

Da Kinder heute eher ohne Geschwister aufwachsen und in der Familie oft wenig Gelegenheit haben, in Spielgruppen Erfahrungen zu sammeln, kommt dem Kindergarten eine große Bedeutung zu. Er ist der Ort, wo Kinder lernen, in einer Spielgemeinschaft eine Rolle zu übernehmen, sich anzupassen oder sich zu widersetzen. Sie erleben Zuneigung und Ablehnung. Auf solche Situationen reagieren Kinder ganz unterschiedlich, mit Rückzug oder mit lautstarkem und körperlichem Protest. Das läßt sie manchmal zum Außenseiter in einer Spielszene werden.

Tatsache ist, daß eine Gruppe viel mehr eigenwilliges Verhalten einzelner Kinder verträgt, als oft angenommen wird. Alle in einer Gruppe haben zu lernen, wie sie andere in ihrem Wesen akzeptieren können. Und das lernen sie vor allem durch das Verhalten des Erwachsenen in einer Gruppe. Wieviel Vielfalt ist zugelassen und gewünscht? Wie tolerant verhalten wir uns Menschen gegenüber, die anders sind als wir? Je mehr wir die unterschiedlichen Wesensarten der Kinder respektieren und verstehen, um so eher können das dann auch die Kinder.

Die Erwartungen der Eltern

Oft ist zu beobachten, daß Eltern das Verhalten ihrer Kinder problematisieren, weil es sich nicht so verhält, wie es die Eltern erwarten: Es soll auf andere zugehen, nicht so still oder langsam sein, sich stärker zur Wehr setzen, nicht so vorlaut sein, sich einfügen oder seine Interessen zurückstellen. Je mehr ein Kind der ständigen Kritik des Erwachsenen ausgesetzt ist, je mehr spürt es, daß es eigentlich anders sein soll, als es ist. Es erfährt die Ablehnung seiner Person und wird dadurch verunsichert oder wirklich zum Außenseiter. Wie wir das Verhalten eines Kindes beurteilen, hängt viel von unseren eigenen Empfindungen und unserem eigenen Wesen ab. Können wir selbst Schwäche nicht akzeptieren, werden wir die Ängstlichkeit unseres Kindes nur schwer hinnehmen können. Sind wir selbst ein geselliger Typ, so deuten wir häufiges Alleinspielen womöglich gleich als Kontaktarmut, dabei ist unser Kind vielleicht ganz zufrieden mit sich selbst und der Welt. Kinder spüren sehr genau, was wir von ihnen erwarten. Um unserer Anerkennung und Liebe willen biegen sie sich in Richtungen, die uns gefallen, ihrem eigenen Wesen aber nicht entsprechen. Dies wird für viele Menschen der Grundstein zum Unglücklichsein.

Ursachen klären

Zu überprüfen gilt es also erst einmal:

- Sind es die anderen, die mit dem Anderssein des Kindes nicht zurechtkommen?
- Leidet das Kind selbst, weil es nicht richtig zu den anderen findet?
- Oder ist es unglücklich, weil es von anderen ausgeschlossen wird?

Natürlich gibt es noch viele andere Möglichkeiten, aber allein schon diese drei Varianten zeigen, wie unterschiedlich die Ursachen für das Außenseitersein eines Kindes angelegt sein können. Entsprechend unterschiedlich sollten auch unsere Reaktionen sein.

Gespräche mit Erzieherinnen sind hier von großem Nutzen. Oft klären sich dabei die Ursachen auf, und Verständnis für unterschiedliche Sichtweisen entsteht. Wir können dabei auch entdecken, daß jedes Kind seine eigene Zeit braucht, um Dinge zu verarbeiten, auf andere zuzugehen, Ängste zu überwinden oder Hemmungen abzulegen. Dieses Zeit-Lassen fällt uns Erwachsenen meist sehr schwer, weil wir allzuoft glauben, das Kind würde sich ohne unser Zutun nicht weiterentwickeln. Allzu schnell denken wir, es würde so bleiben, und das bekümmert uns, weil wir ihm ja ein gutes Rüstzeug für sein Leben in dieser Gesellschaft mitgeben wollen. Aber es ist nicht so. Viele Phasen im Leben des Kindes brauchen ihr ihm ureigenes und gemäßes Tempo. Was für das eine Kind gilt, muß für das andere noch lange nicht richtig sein.

Wo ein Kind trotz unseres Bemühens um Verständnis und Veränderung der Situation aus einer Außenseiterrolle nicht mehr herausfindet, da hilft manchmal eine Erziehungsberatungsstelle weiter. Eine dritte, unbeteiligte Person kann vielleicht Dinge und Zusammenhänge entdecken, die uns durch die Nähe mit dem Kind nicht mehr auffallen. Eine Zusammenarbeit zwischen Elternhaus, Kindergarten und Beratungsstelle bewirkt oft eine positive Veränderung für ein Kind. Die Erzieherinnen werden Ihnen in einem solchen Falle geeignete Adressen nennen können.

Mein Kind schnappt alle Krankheiten auf

(Rainer Hoehne)

Viele Eltern beobachten, daß ihr Kind, das bisher doch so gut gedieh und so gesund war, seit Eintritt in den Kindergarten oft müde, abgeschlagen oder krank wirkt. Häufig entwickelt sich daraus eine richtige Erkältung mit Husten, Schnupfen, Kopf- und Halsschmerzen, Fieber und der entsprechenden Verstimmung. Also ein fieberhafter Infekt oder grippaler Infekt, wie die Kinderärzte sagen. Meist dauert solch eine Episode zwar nur wenige Tage, sie wiederholt sich aber schon nach wenigen Wochen oder auch nur Tagen, so daß das Kind nur noch wenige «gesunde» Tage hat. Die Eltern sind beunruhigt, manchmal auch verärgert: auf das Kind, weil es sich nicht warm genug anzieht; auf die anderen Kinder, weil sie das eigene anstecken; auf die Erzieherinnen, weil sie nicht genug aufpassen; auf den Kindergarten insgesamt, weil der das eigene Kind krank macht; vielleicht sogar Ärger untereinander, weil der eine Partner den Kindergartenbesuch wichtiger fand als der andere. Kurz, eine unerfreuliche, schwierige, manchmal regelrecht verfahrene Situation.

Bevor ich hierauf näher eingehe, möchte ich einige medizinische Erläuterungen geben.

Unsere körpereigene Abwehr, das Immunsystem, ist grundsätzlich bereit, in den Körper eindringende und als feindlich erkannte Mikroorganismen (Viren, Bakterien, Pilze, Einzeller) zu bekämpfen und zu vernichten. Diese Bereitschaft muß jedoch im Laufe des Lebens, besonders in der Kindheit, erhalten und erweitert werden, um auch größeren Anforderungen gewachsen zu sein. Es braucht also «Training».

Viele Kinder wachsen heute als Einzelkinder in ihren Familien mit wenigen Außenkontakten auf. Dadurch ergeben sich für ihr Immunsystem nur spärliche Trainingsmöglichkeiten. Sie leben zwar mit einigen Bakterien und Viren an und in ihrem Körper in gutem Gleichgewicht, es fehlt ihnen aber an Fremderfahrungen.

Kommen sie nun plötzlich mit vielen anderen Menschen, besonders Kindern, zusammen, die ihrerseits zwar in ihrem Gleichgewicht zwischen Immunsystem und Mikroorganismen leben, deren Mikroorganismen aber dem anderen Kind fremd sind, so beginnt eine heftige und häufige Auseinandersetzung. Diese stärkt zwar das Immunsystem auf Dauer, führt aber im Moment zu den lästigen, immer wiederkehrenden oben beschriebenen banalen Infekten.

Eine an sich begrüßenswerte Auseinandersetzung wird also durch den Zeitpunkt, die Häufung und oft auch durch die Intensität zu einem Problem. Gelegentlich führt dies zu regelrechten Erschöpfungszuständen, die dann einer gezielten medizinischen Hilfe bedürfen, z. B. durch Stützung oder Ergänzung des Immunsystems.

Eine Schlußfolgerung hieraus könnte heißen, daß ein dosiertes Zusammenführen von Kindern vor Eintritt in den Kindergarten das Problem strecken, die Infekte also zeitlich weiter auseinanderziehen würde. Andererseits verlaufen solche Infekte bei Kleinkindern gelegentlich heftiger, so daß mit diesem Vorgehen auch nicht alle Schwierigkeiten aus der Welt geräumt sind.

Übrigens ist dasselbe Phänomen bei Kindern zu beobachten, deren Eltern sie aus unterschiedlichen Gründen nicht in den Kindergarten geschickt haben, wenn sie in die Schule kommen. Sie machen dann die vielen Infekte im Laufe der ersten und zweiten Klasse durch, was aus gruppendynamischen und auch Leistungsgründen eher noch problematischer ist.

Es gilt also, jedem Kind in seiner besonderen Familiensituation seine Abwehrphase zur Immunstärkung zu gönnen. Wie dies im einzelnen aussehen könnte, hängt von den vielen subjektiven Faktoren ab, die das Leben innerhalb einer Familie bestimmen. Günstig wäre es hier also ebenfalls, wie oben schon wegen der möglichen Eingewöhnungsschwierigkeiten erwähnt, wenn ein Elternteil oder eine andere vertraute Bezugsperson anfangs noch im Hause bleiben könnte. Es müßte dann nicht zu den gefürchteten Versorgungsengpässen kommen, die die Situation so oft zusätzlich belasten.

Einen weiteren wichtigen Grund möchte ich hier aufführen, der zu einer erhöhten Infektanfälligkeit führen oder wenigstens beitragen kann. Es handelt sich dabei um die enge Verknüpfung zwischen körperlichen Vorgängen und geistig-seelischem Erleben, wie sie in der psychosomatischen Medizin vielfältig nachgewiesen ist. Dabei stehen unsere Abwehrlage und unsere seelische Verfassung in besonders enger Beziehung zueinander. Ist z. B. die psychische Lage angespannt (durch einen schwer zu bewältigenden Konflikt oder durch Trennungsängste oder durch eine streßbetonte Lebensweise), dann reagiert unser Immunsystem eventuell langsamer oder weniger wirkungsvoll. Dementsprechend kommt es zu länger anhaltenden und häufigeren Krankheitsschüben mit geringer Abwehrleistung des Körpers.

Vom Standpunkt einer psychosomatischen Sichtweise aus ist dieses Phänomen also durchaus erklärbar. Eine weitere Perspektive aber eröffnet uns die psychologische Deutung derselben Tatsache. Wenn wir davon ausgehen, daß die meisten Kinder in diesem Alter sich ihrer Gefühle nicht deutlich bewußt sind und sie noch nicht sprachlich ausdrücken können, so ist für sie die «Somatisierung», d. h. der körperliche Ausdruck oder die körperliche Umsetzung von Gefühlen, ein gangbarer Weg, sich mitzuteilen. Dies kann bedeuten, daß gelegentlich bei Kindern eine erhöhte Infektanfälligkeit nach Beginn der Kindergartenzeit einen Hinweis auf seelische Überforderung geben kann. Selbstverständlich muß man mit solchen Deutungen vorsichtig und zurückhaltend umgehen, sie können andererseits wesentlich zum besseren und umfassenderen Verständnis des Kindes in seiner Situation beitragen. Es gibt keine sinnvollen Vorbeugemaßnahmen im Sinne einer Vermeidung. Allerdings auch keine im engeren Sinne, wie etwa eine Schutzimpfung, denn diese sind nur gegen einige der «klassischen» Infektionskrankheiten, die sogenannten Kinderkrankheiten, entwickelt worden.

Hier erst noch einmal zu den möglichen Vorbeugemaßnahmen im weiteren Sinne. Da kann nämlich eine Menge getan werden. Eine regelmäßige, sinnvoll zusammengestellte, möglichst vollwertige Ernährung, ausreichender Bewegungsraum in der Wohnung und im Freien, eine gute Eingebundenheit in die Familie, Möglichkeiten zur Entwicklung einer selbstbestimmten Persönlichkeit, eine befriedigende psychologische Lage der Familie usw. tragen ganz entscheidend zur Gesundung und Förderung der Gesundheit bei. Ein deutlicher Hinweis darauf, daß zur Gesunderhaltung und Gesundheitsförderung neben körperlichen die psychosozialen Faktoren entscheidend sind!

Anders sieht dies bei einigen wichtigen Infektionskrankheiten aus. So sind z. B. bei uns in der Bundesrepublik die meisten hier geborenen und aufgewachsenen Kinder gegen Kinderlähmung (Poliomyelitis), Masern, Mumps, oft auch schon Röteln geimpft. Es wird demnach nur ausnahmsweise zu Ansteckungen mit diesen Krankheiten kommen. Mit Windpocken sieht dies schon etwas anders aus. Immer wieder einmal kommt es zur Ansteckung und damit Ausbreitung in einer Kindergartengruppe oder sogar im ganzen Kindergarten. Da der Krankheitsverlauf in den allermeisten Fällen zwar unangenehm, aber harmlos ist, sollte das Durchstehen dieser Krankheit nicht problematisiert werden. Im Gegenteil: Im medizinischen Bereich gibt die Entwicklung einer Immunität nach Windpocken für später einen ziemlich sicheren Schutz gegen eine Ansteckung mit der Gürtelrose.

Im psychologischen Sinne trägt die Krankheitserfahrung ganz wesentlich zur Persönlichkeitsentwicklung bei. So erfährt das Kind während seiner Krankheit z. B., daß es wieder vermehrt oder ganz auf fremde Hilfe angewiesen ist, daß es seinen eigenen Körper nicht mehr völlig beherrscht, daß es einer fremden Dynamik unterworfen ist; aber auch, daß es vermehrte Zuwendung erfährt, daß sich die Eltern Sorgen machen, daß es verwöhnt oder vor Geschwistern vorgezogen wird, daß es von lästigen Aufgaben entbunden wird usw. Das Erleben dieser Vor- und Nachteile durch Kranksein gehört zu den ganz wichtigen Erfahrungen in der Kindheit, die keinem Kind, z. B. durch umfassende Schutzimpfungen, wenn es sie gäbe, vorenthalten werden sollten.

Impfungen

Diese und ähnliche Argumente tauchen in der immer mal wieder aufflammenden Impfdiskussion auf, z. B. bei der Beurteilung der Masernimpfung. Ich denke, daß es keine abschließende Antwort geben kann, sondern daß hier ganz wesentlich die persönlichen Umstände jeder einzelnen Familie, ihre Risikobereitschaft, ihre bewußte Lebensgestaltung, ihre Lebensanschauung und ihr Menschenbild mit eingehen.

Obwohl es auch keine durchgehend gleichlautende Impfstrategie gibt, wird sich für Eltern, später auch für Kindergärten, etwas ändern: Die Ständige Impfkommission am Robert-Koch-Institut Berlin hat kürzlich empfohlen, die Schluckimpfung gegen Kinderlähmung zugunsten einer Injektion aufzugeben. Dies wird voraussichtlich das Impfverhalten der Familien verändern, und zwar in zweierlei Hinsicht: Erstens wird die sehr hohe Durchimpfungsrate gegen Poliomyelitis (wegen der unkomplizierten, ja attraktiven Schluckimpfung) abnehmen; und zweitens wird durch Einführung neuer Kombinationsimpfungen (4- und 5-Kombinationen) die Injektionshäufigkeit sinken, trotzdem aber wegen der immer noch bewußten Angst vor der Kinderlähmung der Impfzustand sich insgesamt verbessern.

Ich sehe den großen Vorteil darin, daß eine dringende Empfehlung zur Einbeziehung von Hepatitis B (entzündliche Gelbsucht) ausgesprochen wurde, einer gefährlichen, hochansteckenden Krankheit mit Neigung zur dauernden Leberschädigung oder sogar Leberzerfall. Sie hat in Deutschland in den letzten Jahren sehr zugenommen und wird in den Kindergärten zu Recht immer mehr gefürchtet. Dem könnte also durch eine bessere höhere Impfbereitschaft in der Bevölkerung entgegengetreten werden.

Bei anderen Kinderkrankheiten wiederum sind andere Bedingungen und Regeln zu beachten. So wäre es bei dem heutigen Wissensstand unverantwortlich und fahrlässig, ein Kind nicht durch eine Impfung und ihre Wiederauffrischung zuverlässig gegen Kinderlähmung oder Wundstarrkrampf (Tetanus) zu schützen. Es kann allerdings durchaus sinnvoll sein, daß ein Kind, besonders ein Mädchen, die harmlos verlaufende Rötelnerkrankung ungeimpft selber durchmacht; denn dadurch kann die so gefürchtete und verhängnisvolle Rötelnübertragung von der werdenden Mutter auf ihr ungeborenes Kind verhindert werden.

Die wenigen hier aufgeführten Beispiele vom «Kriegen» und Überstehen von Krankheiten im Kindergarten zeigen deutlich, daß es zu einer individuellen Mischung positiver und negativer Aspekte kommt, die sich in jeder Familie und bei jedem Kind unterschiedlich zusammensetzt. Es kann somit nur wenige, sehr allgemein gehaltene Grundregeln zum Umgang mit diesen erkrankten Kindern geben. Um so ergiebiger kann jedoch die persönliche Beratung und Hilfestellung sein, wenn für das jeweils betroffene Kind die individuellen Lebensbedingungen mit einbezogen werden.

Mir ist in diesem Zusammenhang noch wichtig, daß Krankheit in diesem Sinne für das Kind nicht nur eine Störung oder Unterbrechung seiner Gesundheit ist, sondern daß sie im ganzheitlichen Sinne durchaus zur Gesundung, zur Gesunderhaltung und zur Gesundheitsförderung beiträgt.

Kranke Kinder im Kindergarten

Während es früher selbstverständlich war oder sogar als Bedingung galt, daß ein krankes Kind den Kindergarten nicht besuchen sollte oder, wenn es akut erkrankte, sofort abgeholt werden mußte, hat sich diese Sichtweise heute etwas relativiert. Natürlich ist es gut, wenn Sie Ihr Kind abholen können, wenn es Fieber bekommt oder sich unwohl fühlt. Denn für ein krankes Kind ist die Lebhaftigkeit der Gruppe störend. Es braucht Ruhe, ungeteilte Zuwendung und die Geborgenheit seiner häuslichen Umgebung.

Für Eltern, die alleinerziehend oder beide berufstätig sind, ist dies oft eine schwierige Situation. Die fünf Tage Sonderurlaub im Jahr, die einem für die Pflege eines kranken Kindes zustehen, sind schnell verbraucht. Immerhin können auch die Väter ihren Sonderurlaub nehmen, was leider immer noch selten geschieht. Trotzdem müssen Eltern oft ihre Organisationsfähigkeit und sich selbst sehr strapazieren. Oder Kinder werden, noch nicht richtig genesen, schon wieder in den Kindergarten geschickt, weil keine andere Betreuungsmöglichkeit gefunden werden konnte. Es empfiehlt sich deshalb, diese Situation schon vor Beginn der Kindergartenzeit mit einzuplanen. Vielleicht gibt es in der Verwandtschaft, im Freundeskreis oder in der Nachbarschaft einen Menschen, zu dem Ihr Kind Vertrauen hat und der bereit ist, Ihr Kind abzuholen und zu pflegen, wenn es krank wird und Sie nicht von der Arbeit weggehen können. Kontakte zu den Eltern von Kinderfreunden im Kindergarten können hier auch sehr hilfreich sein. Hilfe auf Gegenseitigkeit hilft gegen zuviel Dankbarkeitsdruck.

Es gibt heute aber auch schon größere Einrichtungen, die nicht nur ein *gemütliches Krankenzimmer* haben, sondern auch eine angestellte *Kinderkrankenschwester*, die kranke Kinder fachgerecht versorgen kann. Das kommt natürlich auch den chronisch kranken Kindern sehr zugute, z. B. denjenigen mit Asthma, Neurodermitis oder anderen Allergien, aber auch denjenigen, die an Diabetes, Epilepsie, Herz-, Leber-, Nierenerkrankungen oder Rheuma leiden.

Diese Kinder werden vermehrt in Regeleinrichtungen im Sinne der Integration betreut. Nicht immer ist eine ausgebildete Kinderkrankenschwester nötig. Auch Eltern, die gerade Zeit haben oder die gar für eine bestimmte Zeit einen Honorarvertrag bekommen, können die Betreuung kranker Kinder übernehmen.

Durch die Versorgung eines kranken Kindes im Kindergarten gibt es für die anderen einen zusätzlichen Lerneffekt, nämlich wie man mit Fieber, Schmerzen und anderen unangenehmen Begleiterscheinungen umgehen kann. Oder auch, daß Krankheit meist erhöhte Aufmerksamkeit und Zuwendung bringt. Und daß sie einfach dazugehört, also «normal» ist.

Je mehr sich Kindergärten vom Aufbewahrungsort zum gemeinsamen Lebensort entwickeln, um so mehr können sie dazu beitragen, daß Netzwerke sozialer Einrichtungen und engagierter Einzelpersonen entstehen. Dann gibt es Eltern, Bekannte, «Aushilfsomas» oder «-opas», die für Notfälle zur Verfügung stehen. Dann ist es kein Drama mehr, wenn ein Kind zu Hause bleiben muß, obwohl die vom Arbeitgeber zugestandenen Kinderbetreuungstage aufgebraucht sind oder ein beruflicher Termin so wichtig ist, daß Mutter oder Vater ihn nicht versäumen möchte. So kann ein Markt der Hilfe entstehen, der dazu beiträgt, die oft isolierte Situation von Familien aufzulockern.

Allerdings gelingt so etwas nur mit Hilfe aller. Dem Kindergarten diese Aufgabe allein zu überlassen, hilft niemandem. Es führt höchstens zur Überforderung der Erzieherinnen. Wenn es in Ihrem Kindergarten so lebendig zugehen soll, wie oben beschrieben, dann haben sich viele beteiligt und fühlen sich viele verantwortlich.

Wie Eltern sich beteiligen können

(Christine Lipp-Peetz)

Ein Kindergarten lebt von den Personen, die zu ihm gehören. Das sind in Zukunft auch Sie, als Mutter oder Vater eines Kindergartenkindes.

Zunächst läuft viel über die Erzieherinnen. Sie führen ein in die Gepflogenheiten der Eltern(mit)arbeit, informieren über Mitwirkungsrechte und über Gremien. In jedem Kindergarten gibt es ein Organ, in dem Eltern mitreden und mitentscheiden können. Der Name und die konkreten Mitwirkungsmöglichkeiten sind recht unterschiedlich. Mal heißt es Elternbeirat, Elternrat oder auch Kindergartenausschuß. Mal haben Eltern lediglich das Recht, informiert zu werden, mal dürfen sie beraten, mal mitentscheiden, und manchmal ist weitgehende Mitbestimmung verankert. In manchen Kindergärten bieten Eltern auch eine Informationsveranstaltung für die Neuen an. Wenn dies nicht der Fall ist, könnte sie ja angeregt werden.

Verbriefte Rechte

Elternmitwirkungsrechte gehen auf das Kinder- und Jugendhilfegesetz (KJHG) zurück.

§ 22, Absatz 3: «Bei der Wahrnehmung ihrer Aufgaben sollen die in den Einrichtungen tätigen Fachkräfte und anderen Mitarbeiter mit den Erziehungsberechtigten zum Wohl der Kinder zusammenarbeiten. Die Erziehungsberechtigten sind an den Entscheidungen in wesentlichen Angelegenheiten der Tageseinrichtung zu beteiligen.»

Freiwillige Mitarbeit ist erwünscht und manchmal auch Teil des Vertrages

Die Länder konkretisieren diese Rechte in eigenen Kita-Gesetzen. *Ein fortschrittliches Beispiel* ist das Kindertagesstätten-Gesetz des Landes Brandenburg:

«§ 4 (1) Die Kindertagesstätte hat ihren Erziehungs- und Bildungsauftrag in enger Zusammenarbeit mit der Familie und anderen Erziehungsberechtigten durchzuführen.

(2) Die demokratische Erziehung der Kinder setzt die Beteiligung von Eltern und sonstigen Erziehungsberechtigten, Erziehern und Erzieherinnen an allen wesentlichen Entscheidungen der Tagesstätten voraus und verlangt das demokratische Zusammenwirken aller Beteiligten.

§ 6 (1) Die Eltern und anderen Erziehungsberechtigten sind an der Konzeptionsentwicklung und Fragen ihrer organisatorischen Umsetzung in der Arbeit der Kindertagesstätte zu beteiligen. Hospitationen von Eltern in der Kindertagesstätte, ihre Anwesenheit während der Eingewöhnungsphase und ihre Beteiligung bei gemeinsamen Unternehmungen sind zu fördern.

(2) Die Eltern und sonstigen Erziehungsberechtigten der Kinder einer Kindertagesstätte bilden die Elternversammlung. In Einrichtungen mit mehreren Gruppen können die Elternversammlungen auf Gruppenebene stattfinden.

(3) Die Elternversammlungen dienen der gegenseitigen Information über die Situation der Kinder.

(4) Die Elternversammlung kann vom Träger und in pädagogischen Fragen von den Mitarbeitern und Mitarbeiterinnen Auskunft über alle die Einrichtung betreffenden Angelegenheiten verlangen. Die Mitarbeiter und Mitarbeiterinnen erörtern mit den Eltern die Grundlagen, Ziele und Methoden ihrer pädagogischen Arbeit und stimmen sie mit ihnen ab.

§ 7 (1) In jeder Kindertagesstätte soll ein Kindertagesstätten-Ausschuß gebildet werden. Er besteht zu drei gleichen Teilen aus Mitgliedern, die vom Träger benannt sind, und aus Mitgliedern, die aus dem Kreis der Beschäftigten und aus dem Kreis der Eltern gewählt werden.

(2) Der Kindertagesstätten-Ausschuß beschließt über pädagogische und organisatorische Angelegenheiten der Tagesstätte, insbesondere über die pädagogische Konzeption. Die Finanzhoheit des Trägers, seine personalrechtliche Zuständigkeit und seine Selbständigkeit in Zielsetzung und Durchführung der Arbeiten bleiben hiervon unberührt.»

Die Träger von Kindergärten können über das jeweilige Landesgesetz hinausgehende Differenzierungen vorsehen, aber keine Einschränkungen vornehmen.

Auf einer der ersten Elternversammlungen wird vermutlich die Wahl zur Elternvertretung stattfinden. Dies kann eine unangenehme Pflichtübung sein – muß es aber nicht. Immerhin bietet sich dadurch die Chance, sich parteilich für Ihr Kind und andere Kinder einzumischen. Ein kleines Beispiel soll anregen, wie eine solche Wahl durchaus angenehm vonstatten gehen kann. Vielleicht haben Sie Glück und erleben demnächst eine gute andere Variante. Oder Sie lassen sich selbst eine einfallen, die nicht langweilig ist.

Beispiel: Wahl zur Elternvertretung

Die Mütter oder Väter, die kandidieren, stellen sich auf einem kleinen Steckbrief vor, der im Flur des Kindergartens aushängt. Inhalt:

- Foto von sich mit Kind
- Name + Name des Kindes, das im Kindergarten ist
- Beruf + Hobbys
- besonderes Interesse am Kindergarten.

Am Wahltag gibt es eine Wahlparty. Jede und jeder bringt eine Kleinigkeit fürs Büfett mit. Die bisherige Elternvertretung legt ihren «Rechenschaftsbericht» ab, und zwar mit Blick darauf, daß die Neuen einordnen können, was Stand der Dinge ist und welche Vorhaben auf sie warten. Die gewählten Mütter und Väter werden entsprechend gefeiert. Es hat sich eingebürgert, daß noch am gleichen Abend gegenseitige Erwartungen ausgetauscht werden. Wert wird auf das Wörtchen «gegenseitig» gelegt. Nicht nur die versammelte Elternschaft sagt, was sie von ihren Vertretern und Vertreterinnen wünscht, sondern auch umgekehrt.

Beispiel: «Stadtelternbeirat»

In manchen Städten gibt es eine gemeinsame Interessenvertretung aller Eltern von Kindern in Kindergärten. Sie versteht sich als Lobby für Kinder und kann durchaus politische Entscheidungen beeinflussen. Auch hierzu ein Beispiel:
Der amtierende Stadtelternbeirat einer Kommune lädt die gewählten Elternvertretungen aller sechs Kindertagesstätten in das Nebenzimmer einer Gaststätte ein. Er stellt seine Arbeit des letzten Jahres vor. Eine Vertreterin des Trägers berichtet über geplante Vorhaben und stellt eine Einschätzung der fachlichen und finanziellen Lage vor. Die Leiterinnen bringen die pädagogische Sicht der Situation in die Diskussion ein. Gemeinsam wird ausgewertet und über die Zukunft beraten. Weil sich dieses Gremium als politische Interessenvertretung der Kinder in den Einrichtungen der Stadt versteht, ist – wie immer – die örtliche Presse eingeladen. Jede Gelegenheit wird genutzt, die Belange der Kinder in der öffentlichen Debatte zu halten. Diesmal geht es vor allem um die Ausweitung der Öffnungszeiten, die schon lange Forderung der Eltern ist, und darum, daß arbeitslose Eltern ebenfalls einen Anspruch auf einen Ganztagsplatz haben sollen.

Mittlerweile gibt es auch weitere Zusammenschlüsse von Elternvertretungen aus Kindergärten: regionale, landesweite und trägerspezifische. Welche für Sie relevant sein können, weiß sicher der gegenwärtig amtierende Elternbeirat.

Gibt es auch Pflichten?

Neben der Wahrung der Rechte des eigenen Kindes und eigener Anliegen ist die Aufgabe des Elternbeirates, die Belange aller Kinder zu vertreten. Nach der Erfahrung mancher Erzieherinnen gerät das manchmal aus dem Blick, wird vor allen Dingen das eigene Kind gesehen, manchmal ohne Rücksicht auf das andere. Vielleicht lohnt es sich, darüber nachzudenken und innezuhalten, ob vor lauter gutgemeinter Sorge um das eigene Kind übersehen wird, daß es möglicherweise Interessenkonflikte mit anderen gibt.

Das kann dabei beginnen, daß das eigene Kind ein kleiner Wirbelwind ist und man sich deshalb nur für mehr Bewegungs- und Tobemöglichkeiten im Kindergarten einsetzt, dabei die leise Stimme der Mutter eines schüchternen Mädchens überhört, die mehr Ruhezonen und Platz für ungestörte Tätigkeiten wünscht. Es kann aber auch z. B. bis zur Gleichgültigkeit einkommensschwacher Eltern gegenüber führen, wenn Ausflüge oder kulturelle Angebote ohne Rücksicht aufs Budget gefordert oder wenn sich keine Gedanken über die Finanzierung sinnvoller Extras gemacht werden.

Hierzu gehört auch, wenn Anforderungen an Erzieherinnen gestellt werden, ohne deren Arbeitsbedingungen zu berücksichtigen. Wenn es um die Beachtung des eigenen Kindes in einer Gruppe mit 25 oder mehr Kindern geht, braucht die Erzieherin nicht noch jemanden, der ihr ein zusätzlich schlechtes Gewissen macht. Da braucht sie jemanden, der mit ihr auf die Barrikaden geht, sich mit ihr für kleinere Gruppen einsetzt. Wenn die Zeit schon nicht für Vor- und Nachbereitung der Arbeit mit Kindern ausreicht, dann erhöhen Forderungen nach mehr Zeit für die Eltern den Druck. Da ist es angesagt, die Erzieherinnen in ihrer Forderung nach angemessenen Arbeitszeiten zu unterstützen. Hier sind Eltern unersetzliche Partner. Sie können an die Öffentlichkeit gehen, können dafür sorgen, daß Kinder und ihre Betreuungsangebote ständiges Thema in der Presse sind. Sie sind Wähler und Wählerinnen, die ihren Lokalpolitikern und -politikerinnen deutlich machen können, daß kinderfreundliche Politik honoriert und kinderfeindliche mit Denkzetteln beantwortet wird. Diese Aufgabe wird in ökonomisch schwierigen Zeiten immer wichtiger werden. Mehr dazu auf den Seiten 220 ff.

Gegenwärtig bilden sich landauf, landab Fördervereine für Kindergärten. Der Grund ist meist ein finanzieller: Kindergärten brauchen heutzutage Unterstützung, damit sie der Abbau des Sozialstaates nicht bis ins Mark trifft. Deshalb haben diese Fördervereine sowohl die Aufgabe der Öffentlichkeitsarbeit als auch der finanziellen Unterstützung. Meist sind sie es, die zusätzlich erwirtschaftete Mittel verwalten und verhindern, daß diese Gelder in irgendwelchen städtischen Etats verschwinden. Diese Form der Unterstützung wird zukünftig an Bedeutung gewinnen. Gegründet werden solche Förderkreise meist von Eltern und Erzieherinnen gemeinsam.

Finanzielle Unterstützung oder Mitarbeit

Bei einem kirchlichen Träger führte die Finanzmisere dazu, die Eltern um Mithilfe zu bitten. Ein Auszug aus dem Merkblatt zur Elternmitarbeit im evangelischen Kinderhaus des Elisabethenstifts in Darmstadt:

Der Kinderhausausschuß hatte ... beschlossen, daß die Eltern mit Beginn neuer Kindergartenverträge dazu beitragen sollen, daß die Finanzierung der Kinderhausarbeit im Sachkostenbereich nicht angehoben werden muß. Dies bedeutet zugleich die Sicherung der Qualität der Arbeit für die Kinder und ihre Familien.

Es wurde beschlossen, daß die Eltern im Jahr 5 Stunden im Kinderhaus Elternmitarbeit pro Familie einbringen. Zugleich kann es sein, daß Eltern aus verständlichen Gründen hierzu nicht in der Lage sind und diese Zeit eher mit einem Geldbeitrag ableisten wollen. So hat der Ausschuß beschlossen, daß Eltern, die keine Arbeitszeit für das Kinderhaus einbringen können, im Jahr DM 100,– zahlen. Diese Regelung wird mit Unterschrift des Kindergartenvertrages bzw. der Krippenordnung von den Eltern akzeptiert.

Folgende Möglichkeiten der Elternmitarbeit gibt es für Sie:

- *Mithilfe bei Gartenarbeiten*
- *Mithilfe bei Raumgestaltungsarbeiten*
- *Mithilfe bei Streicharbeiten in Kinderräumen und im Außengelände*
- *Aushilfe bei Engpässen im Hauswirtschaftsbereich*
- *Übernahme des Amtes als ElternvertreterIn im Kinderhausausschuß*
- *Begleitung bei Aktionen der Kinder außerhalb des Kinderhauses*
- *...*

Wir wissen Ihre Mithilfe zu schätzen und können Ihnen versichern, daß Sie dazu beitragen, daß die Qualität der Arbeit mit den Kindern maßgeblich unterstützt wird. Für Ihr Engagement bedanken wir uns.

Eine Frage des Stils

Die Kommunikation zwischen Eltern und Erzieherinnen und der Eltern untereinander hängt nicht nur von verbrieften Rechten und von Pflichten ab. Es ist auch eine Frage des Stils, der Atmosphäre des Hauses, wie der Kontakt zwischen den Erwachsenen aussieht. Dabei kommt es zentral darauf an, ob man sich gegenseitig achtet und respektiert. Dies zeigt sich in den kleinsten Gesten, im Aufeinander-Zugehen und im Ton einer vielleicht nötigen Auseinandersetzung.

Der Kindergarten ersetzt das Elternhaus nicht, er ergänzt es und hat einen eigenständigen Auftrag. Erzieherinnen sind demzufolge kein Mutter- oder Vaterersatz, sondern neue erwachsene Bezugspersonen für die Kinder. Dabei kommt es trotzdem manchmal zu emotionalen Irritationen: Zum Beispiel wenn Ihr Kind nicht mit nach Hause will. Sehen Sie da ein vorwurfsvolles Blitzen in den Augen der Erzieherin? Tatsächlich – oder befürchten Sie es? Umgekehrt kann das genauso passieren: Ihr Kind hat sich im Kindergarten verletzt. Sorgen Sie sich um es, oder ist Ihre Nachfrage unterlegt mit einem «Konnten Sie nicht besser aufpassen!-Ton»?

Solche oder ähnliche Vorwürfe und Kränkungen sind im Kontakt zwischen Erzieherinnen und Eltern fast unvermeidlich. Damit sollten Sie rechnen und sich genau merken, wann es passiert. Ein klärendes Wort oder ein späterer freundlicher Blick kann das manchmal unkompliziert wieder regeln. Ansonsten gilt für den Kontakt zwischen Profis und Müttern und Vätern, was für jede andere Kommunikation zutrifft: Wie in den Wald hineingerufen wird, so schallt es zurück. Ein Lob oder eine positive Rückmeldung erfreuen, je treffender und weniger floskelhaft, um so mehr. Wenn Unklarheiten oder Verärgerungen geklärt werden müssen, helfen Nachfragen weiter als Vorwürfe. Man erfährt dadurch Genaueres als über Vermutungen und Unterstellungen. Am schlimmsten ist es, wenn hintenherum anders geredet wird, als man den Betroffenen ins Gesicht sagt. Sie bestimmen den Stil mit, indem Sie sich Klatsch und Tratsch verweigern und lieber den direkten Kontakt suchen. Sei es mit anderen Eltern, sei es mit den Erzieherinnen.

Tips

- Reden Sie von sich, wie Sie etwas empfinden, wie etwas auf Sie wirkt. (Ersparen Sie sich und Ihrem Gegenüber die Interpretation, was die andere denkt. Das sagt sie besser selbst.)
- Beschreiben Sie eine konkrete Situation, die Sie verärgert hat. (Vermeiden Sie Verallgemeinerungen.)
- Sprechen Sie die Person, die Sie aufregt, direkt an, und reden Sie nicht hinter ihrem Rücken über sie. (Tratsch über andere Eltern oder die Erzieherinnen vergiftet das Klima.)
- Loben Sie ruhig mal die Arbeit der Erzieherin. Sie hören ja auch gerne ein anerkennendes Wort über Ihr Kind. (Einschmeicheln ist etwas anderes.)

Erzieherinnen und Eltern sind auch nur Menschen

Falls Sie einmal auf eine harmlose Frage eine barsche Antwort bekommen sollten, so lassen Sie sich auf eine überraschende Tatsache hinweisen: Es scheint so etwas wie die Angst der Erzieherinnen vor den Eltern zu geben. In vielen Fortbildungen mit Erzieherinnen stellte sich heraus, daß diese sich sehr schnell angegriffen fühlen. Ihre Reaktion ist dann geleitet von dem Motto «Angriff ist die beste Verteidigung», obwohl gar keine Attacke vorausging. Stellen Sie also ruhig einmal eigene Stärke in Rechnung, obwohl Sie diese selbst gar nicht gefühlt haben. Vielleicht klärt das die Situation auf.

Manchmal erinnert eine mißlungene Kommunikation zwischen Eltern und Erzieherinnen an das berühmte Beispiel des Kommunikationswissenschaftlers Watzlawik. Sie kennen es? Ein Ehepaar gibt sich zeitlebens den falschen Teil des Brötchens. Sie denkt, er will lieber den oberen Teil. Er vermutet, sie ißt lieber den unteren Teil. In Wirklichkeit ist es genau umgekehrt. Aber sie haben sich nie gefragt …

Manche Eltern nervt es ungemein, weil sie den Eindruck haben, vom Kindergarten aus unentwegt «beschäftigt» zu werden: Ständig sollen sie Kuchen backen, für einen Basar sammeln, basteln oder an einem Stammtisch erscheinen. Dabei wollen sie einfach nur in Ruhe gelassen werden und genießen, daß alles gut läuft, ihr Kind keine Probleme in der Gruppe hat, nicht krank ist und durch den Kindergarten der strapazierte Alltag entlastet ist. Das ist ihnen genug.

Und manchen Erzieherinnen ist es lästig, schon wieder für das Muttertagsgeschenk zu sorgen, den etwas zähen Vätertreff zu organisieren oder den nächsten Familiensonntag vorzubereiten. Aber sie reden nie darüber. Sie werden nur saurer und ungehaltener und geraten sich an ganz anderen Stellen in die Haare.

Vielleicht wäre ein Treffen gut, an dem jede Gruppe sagt, was ihr gefällt, was sie anders möchte und was sie selbst dafür tun kann.

Tips

Machen Sie den Anfang. Schlagen Sie vor, beim nächsten Elterngespräch über folgendes zu reden:

- Welche Kontakte zwischen Erzieherin und Eltern und den Eltern untereinander finde ich anregend und gut?
- Was gefällt mir nicht so gut?
- Welchen Vorschlag habe ich, damit ich mich hier noch wohler fühlen kann?

Wichtig sind zwei Dinge:
Erstens: Kritisieren Sie nicht nur, sondern sagen Sie zuerst, was gut ist.
Zweitens: Veranstalten Sie kein «Wunschkonzert», das andere erfüllen sollen, sondern reden Sie vom eigenen Beitrag zur Verbesserung der Situation, und fordern Sie die anderen ebenfalls dazu auf.

Kinder wollen informierte Eltern

Auf die Frage, was er Eltern empfehlen würde, die ein Kind im Kindergarten haben, worauf sie achten sollten, antwortet der achtjährige Jurek rückblickend auf seine eigene Kindergartenzeit: «Also, die Eltern sollen zum Elternabend gehen, damit sie wissen, was los ist.»

Vielleicht haben Sie auch schon die Erfahrung gemacht, daß Sie sich nicht nur auf Ihren Sohn oder Ihre Tochter verlassen können, wenn es um das Geschehen im Kindergarten geht. Es ist den Kindern nämlich häufig lästig, immer mit der Frage «Was hast du heute gemacht?» konfrontiert zu werden. Wundern Sie sich nicht, wenn es darauf häufiger ein mürrisches «Weiß nicht» oder «Nichts» als Antwort gibt. Das kann auch heißen: «Das ist meine Angelegenheit, du mußt nicht alles wissen.» Sie müssen sich also schon direkt an die Erzieherin wenden, wenn Sie mehr über den Kindergarten und was dort geschieht wissen wollen. Darüber hinaus müssen Sie noch bedenken, daß bei mancher Erzieherin die Frage nach dem, was sie tut, als Mißtrauensvotum – und Unterstellung, sie würde zuwenig tun – ankommt. Nun wissen Sie, daß es möglicherweise gar nicht so einfach ist, einen genauen Eindruck vom Geschehen hinter den Kindergartenmauern zu bekommen.

Einblicke

Es gibt in vielen Kindergärten Angebote der Erzieherinnen, Sie Einblick und Anteil nehmen zu lassen. Vielleicht finden Sie Wandzeitungen in den Fluren vor, auf denen kontinuierlich dokumentiert wird, womit sich eine Kindergruppe gerade vorrangig beschäftigt. Vielleicht steht dort auch manchmal eine Frage oder eine Aufforderung an Eltern. Fühlen Sie sich ruhig angesprochen, und hoffen Sie nicht nur, daß schon andere antworten werden. Erzieherinnen machen sich in der Regel viel Arbeit, die Eltern gründlich auf dem laufenden zu halten. Sie schreiben Elternbriefe, geben Kindergartenzeitungen heraus, bieten regelmäßige Nachmittagstreffs oder Elternabende an usw. Alles, um den Eltern zu zeigen, wie sehr sie willkommen sind und einbezogen werden sollen.

In den meisten Kindergärten ist es üblich, daß Mütter und Väter hospitieren können, einen Nachmittag lang oder auch nur beim Bringen oder Abholen ein bißchen länger verweilen. Insbesondere in den ersten Tagen ist es sehr wichtig, Zeit mitzubringen und nicht auf dem Absatz kehrtmachen zu müssen, weil ein Termin drängt. Das sollten

Sie auf jeden Fall einplanen. Vermutlich hat Ihnen das jedoch schon die Erzieherin geraten und vielleicht unter dem Begriff Eingewöhnungskonzept des Kindergartens sogar als unbedingte Forderung vorgetragen. Später ergeben sich in Tür-und-Angel-Gesprächen, wenn das Kind sich gerade trödelig anzieht, kurze Kontakte, in denen schnelle Informationen ausgetauscht oder Nachfragen untergebracht werden können. Gehen Sie jedoch nicht davon aus, daß die Erzieherin immer Zeit für Sie hat. Zu «Betriebszeiten» ist sie in erster Linie für die Kinder da, und es ist keine Unhöflichkeit Ihnen gegenüber, wenn sie nur ein freundliches Kopfnicken für Sie übrig hat. Wenn Sie in Ruhe über Ihr Kind reden wollen, verabreden Sie einen günstigen Zeitpunkt. Sie haben dann beide mehr davon.

Lassen Sie die Erzieherinnen auch wissen, was bei Ihnen los ist. Stoppen Sie Übereifer, wenn Sie den Eindruck haben, daß es zuviel des Guten ist. Geben Sie Rückmeldung, daß Sie sich angenommen und ernstgenommen fühlen, auch wenn etwas weniger Action um Sie als Eltern gemacht wird. Weisen Sie darauf hin, wenn Ihres Erachtens etwas anderes sinnvoll ist. Und denken Sie daran, Ihrerseits die Erzieherin zu informieren, wenn bei Ihnen zu Hause Wichtiges geschieht, was Auswirkungen auf die Psyche Ihres Kindes haben kann. (Schwangerschaft oder Todesfall, Trennung oder Umzug oder Krankheit eines Freundes ...) Die Erzieherin kann dann besser verstehen, wenn sich Ihr Kind anders verhält als sonst, kann einfühlsam, emotionale Unterstützung geben, oder sich über ein glückliches Ereignis mitfreuen.

Tips

Die Attraktivität und Angemessenheit dessen, was zwischen den Erwachsenen im Kindergarten geschieht, hängt maßgeblich davon ab, daß alle sich selber ernst nehmen und keinen Tanz um angeblich pädagogisch Sinnvolles machen. Wenn Sie mehrfach bei einem bestimmten Angebot nur hingehen, weil «man das halt hier so macht», dann stimmt was nicht. Achten Sie auf dieses Gefühl, und versuchen Sie, sich wie ein ganz normaler Erwachsener zu benehmen und nicht wie einer, der jetzt Mutter oder Vater spielt.

Zwischenbilanz: Zufrieden mit dem Kindergarten?

(Anne Kettner-Grosbüsch / Christine Lipp-Peetz)

Ihr Kind geht seit geraumer Zeit in den Kindergarten. Die Anfangsschwierigkeiten sind überwunden, und alles hat sich eingependelt. Vielleicht ist jetzt ein guter Zeitpunkt, einmal nachzufragen, wie es Ihrem Kind geht, welche Fortschritte es gemacht hat, wie es mit seinem außerhäuslichen Teil des Tages zufrieden ist.

Auch für Sie ist es jetzt selbstverständlich, daß Sie einen guten Teil des Tages kinderfrei haben. Konnten Sie die Wünsche, die sich mit dieser veränderten familiären Situation verbunden haben, realisieren?

Zufrieden? – Checkliste für Sie

Wenn es Ihrem Kind schlechtginge, dann hätten Sie das längst gemerkt und sicher schon Kontakt mit der Erzieherin aufgenommen. Was ist, wenn alles glattläuft und unauffällig ruhig vonstatten geht? Einerseits kann man dann einfach froh sein, andererseits will man es manchmal genauer wissen. Hier ein paar Impulse, damit Sie erkennen können, ob der Kindergarten wirklich gut für Ihr Kind ist:

- Wenn Ihr Kind gerne hingeht.
- Wenn Sie spüren, daß Ihr Kind ernst genommen, verstanden und gemocht wird.
- Wenn Ihr Kind Initiative zeigen kann und in seinen Ideen Unterstützung findet.
- Wenn nicht über die Köpfe der Kinder hinweg entschieden wird. Wenn Kindervorschläge aufgegriffen werden. Wenn Kinder mitplanen, mitentscheiden und mitgestalten dürfen.
- Wenn Ihr Kind nicht ängstlich von jeder Herausforderung ferngehalten wird. Wenn ihm angemessenes Geschick und Leistung zugetraut wird. Wenn es soviel wie möglich selbst tun darf.
- Wenn allen Kindern genügend Zeit und Raum zum Spielen zugestanden wird.
- Wenn nicht so viele Angebote wie möglich gemacht werden, sondern Ihrem Kind die Möglichkeit gelassen wird, sich den Dingen mit Ausdauer und Intensität zu widmen.
- Wenn im Kindergartenalltag noch genügend Raum für Spontaneität, für Feiern, für Nach-innen-Lauschen und für Staunen bleibt.
- Wenn Kinderbilder, Werk- und Bastelergebnisse keinen Massenprodukten und Schablonenarbeiten gleichen, sondern Kreativität und individuellen Ausdruck zeigen.
- Wenn es im Kindergarten verschiedene Spielbereiche gibt, in denen sich Kinder je nach Bedürfnis zurückziehen oder mit anderen zusammensein können.
- Wenn der kindliche Drang nach Bewegung nicht nur in der wöchentlichen Turnstunde berücksichtigt wird, sondern die gesamte Raumgestaltung und der Tagesablauf darauf eingestellt sind.
- Wenn es Plätze und Dinge zum Verweilen gibt, zum Beobachten, zum Entdecken und Erforschen.
- Wenn Eltern willkommen sind. Wenn der Dialog mit Ihnen gesucht und gepflegt wird. Wenn Eltern eingeladen sind, mitzubestimmen und mitzugestalten.
- Wenn ...

Wie bewertet mein Kind?

Ihr Eindruck und Ihr Gefühl sind wichtige Indikatoren für die Beurteilung der Qualität des Kindergartens Ihres Kindes. Es kann jedoch sein, daß für Ihr Kind ganz anderes wichtig und bedeutsam ist. Und dies kann sowohl Dinge betreffen, die es erfreuen, als auch solche, die ihm Probleme bereiten.

1. Fragen
Das Einfachste ist natürlich, Sie reden mit Ihrem Kind darüber. Entweder nebenbei, wenn es sich so ergibt. Oder Sie greifen einen Anlaß aus dem Freundeskreis auf, zum Beispiel, wenn ein Nachbarskind in Kürze in den Kindergarten kommt und Sie fragen:

- *Sag mal, was wird die Anna wohl am meisten überraschen, wenn sie in den Kindergarten kommt?*
- *Was ist ganz anders, als man es sich vorgestellt hat?*
- *Wie ist es dir damit ergangen?*
- *Was war für dich besonders schwierig / was war besonders schön?*

Achten Sie darauf, möglichst wenig Fragen zu stellen, die mit ja oder nein zu beantworten sind. Wenn Sie nach dem Warum, dem Wie oder dem Was fragen, ist die Chance größer, etwas mehr zu erfahren.

2. Expertenrolle
Sie könnten Ihrem Kind auch eine Expertenrolle zuschreiben und es fragen:

- *Sag mal, was würdest du einem Kind empfehlen, das morgen zum ersten Mal in einen Kindergarten geht?*
- *Worauf kann es sich freuen?*
- *Wovor soll es sich in acht nehmen?*
- *... War das bei dir auch so ähnlich?*
- *Und wie ist es jetzt?*
- *Was gefällt dir zur Zeit gut im Kindergarten?*
- *Was gefällt dir nicht so gut?*

3. Wünsche
Wenn du drei Wünsche frei hättest, was soll im Kindergarten:
a) auf jeden Fall bleiben wie es ist,

____

____

____

b) unbedingt anders werden:

____

____

____

Manchmal ist es hilfreich, zunächst über ein anderes Kind zu reden und dann erst nach der Befindlichkeit Ihrer Tochter, Ihres Sohnes zu fragen. Manchmal ist es besser, direkte Fragen zu stellen. Das hängt von den Situationen ab und auch davon, wie geübt Ihr Kind ist, über sich und seine Gefühle zu sprechen – wenn also in Ihrer Familie auch in anderen Zusammenhängen darüber geredet wird, worauf man sich freut, worüber man sich geärgert hat oder was einem angst macht.

Veränderungsimpulse

Wenn es im Kindergarten Ihres Kindes die Regel ist, daß Kinder mitplanen und sich in die Gestaltung des Lebens dort tatkräftig einmischen, dann könnten Ihre Fragen vielleicht Anlaß sein, mit der Erzieherin zu überlegen, ob diese nicht den Gedanken einer Zwischenbilanz aufgreifen möchte. Warum sollte das nicht ein interessantes Gespräch mit der gesamten Kindergruppe darüber geben, was einem gut gefällt und was man ätzend findet? Manche Erzieherinnen haben solche Ideen aufgegriffen und z. B. mit Kindern eine Rallye durchs Haus gemacht:

Ist der Wunschtraum-Kindergarten Realität geworden

Was finden die Kinder schön, was gräßlich und warum? Daraus sind schon die schönsten Veränderungsvorschläge entstanden.

Auch für einen Elterntreff wäre das vielleicht eine gute Idee: zu überprüfen, ob die Richtung der Zusammenarbeit und die Prioritäten in den angestrebten Vorhaben immer noch für beide Seiten richtig sind oder ob andere Eltern noch andere Ideen haben, die interessant sind.

Wenn der Umgangsstil stimmt und keine Generalabrechnung mit Eltern oder Erzieherinnen daraus gemacht wird, kann eine solche Zwischenauswertung zeigen, ob man zufrieden ist oder die Punkte herausfinden kann, die verbesserungswürdig sind. Konstruktiv ist es in jedem Falle, wenn man an den Stärken und guten Seiten ansetzt und die unbefriedigenden Dinge unter dem Zeichen der Verbesserungsfähigkeit betrachtet. Also: weniger auf Problemen herumreiten und sie eher als Herausforderung betrachten. Eine solche Haltung kann eine Zwischenbilanz für Eltern und Erzieherinnen attraktiv machen.

Wie Kindergartenkinder auf die Schule vorbereitet werden

(Egbert Haug-Zapp)

An kaum einem anderen Punkt wird der Unterschied zwischen Kindergärten in der ehemaligen DDR und in den alten Bundesländern so deutlich wie bei der Frage der Zuordnung von Kindergarten und Schule. Deshalb werden zu diesem Thema die frühere Praxis und die derzeitige Situation in den neuen Bundesländern in einem gesonderten Beitrag dargestellt.

In der DDR gehörten Kindergarten und Schule als zwei Stufen eines einheitlichen Bildungssystems, das bis hinauf zur Hochschule reicht, zusammen. Beide waren deshalb pädagogisch und organisatorisch eng aufeinander bezogen, der Übergang war relativ bruchlos. Deshalb waren die Verunsicherungen und Veränderungen auch in diesem Bereich nach der Wende sehr heftig.

In den alten Bundesländern und jetzt in allen gehört der Kindergarten zum Bereich der Jugendhilfe, politisch zuständig ist nicht das Kultusministerium, sondern das Jugend- oder Sozialministerium. Gerade seit den 70er Jahren hat der Kindergartenbereich durch den Situationsansatz eine eigene pädagogische Identität gewonnen, die ihn relativ selbständig macht, ihm eine eigene pädagogische Aufgabe zuweist, relativ unabhängig vom Auftrag der Schule und von dem der Familie. Hier stoßen mit Kindergarten und Grundschule somit zwei pädagogische Welten aufeinander, die sich getrennt entwickelt haben:

- organisatorisch: denn staatliche Schulen stehen Kindergärten überwiegend in freier Trägerschaft gegenüber
- pädagogisch: denn Sozialpädagogik ist bewußt anders als Schulpädagogik
- personell: denn Erzieherinnen werden kürzer ausgebildet und schlechter bezahlt als Lehrerinnen

- im Grad der Verpflichtung; denn die Schulpflicht steht dem freiwilligen Besuch des Kindergartens gegenüber.

Um so notwendiger ist ein Prozeß der gegenseitigen Annäherung, bei dem beide Seiten deutlicher die Kinder mit ihren Möglichkeiten zum Ausgangspunkt machen.

Über den Zusammenhang von Kindergartenbesuch und Schulerfolg liegen noch keine hinreichend gesicherten Studien vor. Einigkeit herrscht freilich weithin in der Einschätzung, daß der entscheidende Punkt nicht im gezielten Training von einzelnen Fähigkeiten liegt (z. B. selbständig anziehen können, 20 Minuten still sitzen können usw.). Entscheidend ist vielmehr, wie Ihr Kind in grundlegenden Kompetenzen wie Selbstvertrauen, Neugierde, Bereitschaft zu neuen sozialen Kontakten, Sprachfähigkeit, Lernlust etc. gefördert wird. Der Erwerb solcher Fähigkeiten ist aber nicht Ergebnis gezielter Schulvorbereitung, sondern der generellen sozialpädagogischen Qualität einer Einrichtung. Dazu angemessene Kriterien zu entwickeln und auf Einrichtungen anzuwenden ist derzeit eine intensiv geführte fachliche Debatte, von der noch spannende Ergebnisse zu erwarten sind.

Zunächst nun ein Bericht über Vergangenheit und Gegenwart des Zusammenspiels von Kindergarten und Grundschule in den neuen Bundesländern.

Schulvorbereitung in den neuen Bundesländern

(Sabine Naumann)

Vor der Wende

Der Kindergarten der DDR bildete die unterste Stufe eines bis zur Hochschule reichenden einheitlichen Bildungssystems. Jedes Kind im Verlauf seiner Kindergartenzeit zur Schulfähigkeit zu führen war ein bildungspolitischer, gesetzlicher und fachlicher Auftrag an die Erzieherin, der vielfach mit ihrem Selbstanspruch korrespondierte. Die meisten Eltern hatten Vertrauen in die Kompetenz des Kindergartens bei der Vorbereitung ihres Kindes auf die Schule, mehr noch: Sie sahen im Kindergartenbesuch die Gewähr für einen guten Schulstart.

Über die Einschulung entschied in letzter Instanz der Schuldirektor. Er stützte sich auf Einschätzungen des Schularztes, der Erzieherin sowie der Lehrerin, die die künftigen Schulanfänger nach Möglichkeit bereits während der Vorschulzeit kennengelernt haben sollte. Die Eltern hatten ein Mitspracherecht. Dennoch war es schwer für sie, eine Zurückstellung durchzusetzen, sofern Pädagoginnen und Arzt den Schuleintritt befürwortet hatten.

Heute entscheiden allein Sie, ob Ihr schulpflichtig gewordenes Kind mit sechs Jahren eingeschult, zurückgestellt oder auch schon ein Jahr früher aufgenommen werden soll. Allerdings empfiehlt es sich, den Rat von Fachkräften anzuhören. Diese kennen Ihr Kind nicht so gut wie Sie, aber sie haben schon viele Kinder bei ihrem Übergang in die Schule begleitet und dabei Erfahrungen gesammelt, die Ihnen bei Ihrer Entscheidung helfen können.

Unter *Schulfähigkeit* verstand man in der DDR «jene Verhaltens- und Leistungseigenschaften, von denen das erfolgreiche Lernen in einem Anfangsunterricht abhängt, der die Altersbesonderheiten und die individuellen Entwicklungsunterschiede aller schulpflichtigen Kinder optimal berücksichtigt. Sie hängt von dem jeweiligen Schulsystem und dem Charakter des Anfangsunterrichts ab» (Witzlack, 1968, S. 44). Was ist damit gemeint? Zum einen grenzte man sich bewußt von dem Begriff «Schulreife» ab, der den Schwerpunkt auf das Ausreifenlassen körperlicher und geistiger Anlagen legt. Demgegenüber hebt der Begriff «Schulfähigkeit» den aktiven Anteil hervor, den sowohl das Kind als auch die Erzieherin zu leisten haben, um Schulfähigkeit zu entwickeln. Zum anderen geht diese Erklärung davon aus, daß Schulfähigkeit nicht allein Wissen und geistige Fähigkeiten meint, sondern alles, was die Persönlichkeit eines Kindes ausmacht. Und schließlich nimmt diese Definition nicht nur das Kind, sondern auch die Schule in den Blick und verweist darauf, daß die erfolgreiche Bewältigung des Übergangs von der Qualität des Anfangsunterrichts entscheidend mitbestimmt wird.

Die Herausbildung der Schulfähigkeit wurde als langfristige Aufgabe verstanden, die im Grunde mit dem Eintritt des Kindes in den Kindergarten begann. Dahinter stand die Auffassung, daß nur über eine kontinuierliche, jahrelange Bildungs- und Erziehungsarbeit jene Fähigkeiten wachsen, die das Kind für die Schule braucht. Im letzten Jahr vor der Einschulung rückten allerdings konkrete schulvorbereitende Aufgaben in den Vordergrund.

Eine Reihe von Maßnahmen sollte gewährleisten, daß jedes Kind schulfähig wurde. Dazu gehörten:

- ein zentrales staatliches Bildungs- und Erziehungsprogramm, das – dem Lehrplan der Schule ähnlich – vorgab, was die Erzieherin den Kindern zu vermitteln hatte;
- die Gestaltung eines Alltags, in dem die Kinder vielfältige Entwicklungsanreize fanden, sich auf unterschiedlichste Weise mit sich und ihrer Umwelt auseinanderzusetzen, wobei dem Spiel eine herausragende Rolle zugesprochen wurde;
- täglicher obligatorischer Unterricht («Beschäftigung» genannt), der die Kinder an das natürliche und gesellschaftliche Leben heranführte und sie auf schulische Lernformen vorbereitete;
- regelmäßige Einschätzungen des Entwicklungsstandes jedes Kindes durch die Gruppenerzieherin;
- die Erarbeitung eines die Kindergartenzeit abschließenden Persönlichkeitsgutachtens, das über den Entwicklungsstand des Kindes Auskunft gab und die Empfehlung der Erzieherin über Einschulung bzw. Zurückstellung enthielt; es wurde mit den Eltern besprochen und dann der Schule übergeben;
- eine enge, langfristige Zusammenarbeit des Kindergartens mit Schule / Hort und Familie.

Die Arbeitsweise des DDR-Kindergartens stand – trotz des Grundsatzes, Schule nicht vorwegnehmen zu wollen – der Schuldidaktik sehr nahe, und die Schule hatte Definitionsmacht darüber, was «solide Schulvorbereitung» hieß. Der in der Wendezeit 1989 / 90 erhobene Vorwurf, der Kindergarten der DDR sei verschult gewesen, ist insofern nicht von der Hand zu weisen.

Und heute?

Mit der Einführung des Kinder- und Jugendhilfegesetzes (KJHG) in den neuen Bundesländern veränderten sich die rechtlichen und fachlichen Grundlagen der Kindergartenarbeit erheblich. Die Folge war zumindest weitverbreitete Irritierung, wenn nicht Argumentations- und Handlungsunfähigkeit unter den Erzieherinnen.

Den Eltern war es wichtig, daß bei all den Neuerungen, die allmählich in die Kitas einzogen, die Vorbereitung auf die Schule keinesfalls ins Hintertreffen geriet. Am liebsten hätten es viele Eltern gesehen, wenn in Fragen der Schulvorbereitung so weitergearbeitet würde wie früher, denn das war für sie nachvollziehbar gewesen.

Viele Erzieherinnen wollten zunächst keine schulvorbereitenden Aufgaben übernehmen; sie wollten sich nicht aufs neue eine verschulte Arbeit nachsagen lassen. Das war jedoch keine gute Lösung. Lehrerinnen beklagten zunehmend das sinkende Leistungsniveau der neuen Schüler.

Der Phase der Verunsicherung folgte eine allmähliche Konsolidierung. Erzieherinnen nutzten Fortbildungs- und Beratungsangebote, probierten Neues aus, organisierten Erfahrungsaustausch mit anderen Kitas und den Grundschulen, führten Gespräche mit den Eltern. Nach und nach fand jede Kita zu ihrer eigenen pädagogischen Konzeption.

So vielfältig wie die Konzeptionen sind heute die praktischen Formen der Schulvorbereitung. Auf zwei soll näher eingegangen werden.

Das ist zum einen die weitverbreitete Arbeitsweise des Typs «Angebotspädagogik». Sie ist dem, was im DDR-Kindergarten üblich war, sehr ähnlich. Die Erzieherin bereitet täglich eine Lerneinheit vor (Buch- oder Bildbetrachtung, Schneiden, Malen, Musizieren, Sprechübungen, Übungen zum Kennenlernen des Zahlbegriffs usw.) und motiviert die Kinder, dieses Angebot aufzugreifen.

In vielem anders ist die Arbeit nach dem *Situationsansatz* (s. auch S. 74ff.). Der Übergang in die Schule wird als eine für das Kind (und auch die Eltern) bedeutsame Lebenssituation verstanden, die sehr komplex ist und das gesamte Leben des Kindes umorganisiert. Schulvorbereitung umfaßt demzufolge nicht nur die Vorbereitung auf das Lernen im Unterricht, sondern auch auf die Veränderungen aller dazugehörigen Rahmenbedingungen (in der Familie, in der Schule, im Hort). Aus diesem Grund wird eine enge Zusammenarbeit mit Grundschule und Hort gepflegt, und auch Sie als Eltern werden zu wichtigen Gesprächspartnern.

Ihre Hauptverantwortung sieht die Erzieherin darin, ein anregungsreiches Umfeld zu schaffen, in dem die Kinder lernen *wollen*, neugierig bleiben, ihre eigenen Entdeckungen machen können.

Im Unterschied zur «Angebotspädagogik» ist situationsorientierte Schulvorbereitung weniger didaktisch, dafür näher dran am wirklichen Leben, weniger auf kleinschrittig-kontrollierbare Lernerfolge orientiert als vielmehr auf langfristige, umfassende Förderung von Bildung und «Weltverständnis».

Ganz gleich, nach welchem Konzept Ihre Kita arbeitet – eine gute Konzeption enthält in jedem Fall Aussagen darüber, was und wie die Kinder dort lernen und was man für einen kontinuierlichen Schulübergang leisten will.

Zitierte Literatur

Witzlack, Gerhard: Zur Diagnostik und Entwicklung der Schulfähigkeit, Berlin 1968, S. 44

Schulvorbereitung in den alten Bundesländern

(Egbert Haug-Zapp)

Zeitpunkt der Einschulung

Im Zusammenhang mit der Bildungsreform der 60er Jahre wurden auch in den westlichen Bundesländern Fragen der Zuordnung von Kindergarten und Grundschule intensiv diskutiert. Umstritten war besonders die Frage: Wohin mit den Fünfjährigen? Werden sie im Kindergarten oder in der Grundschule besser gefördert? Oder braucht

Endlich in die Schule!

es eine zweijährige Eingangsstufe zwischen Kindergarten und Grundschule? Schließlich hatte schon mehr als 100 Jahre zuvor der große Kindergartenpädagoge Friedrich Fröbel eine «Vermittlungsschule» gefordert.

Entschieden wurde der Streit um die Fünfjährigen letztlich aus Gründen der Pädagogik und der Organisation (überfüllte Grundschulen) zugunsten des Kindergartens. Die Aufmerksamkeit konzentrierte sich auf die Frage, wie Kindergarten und Grundschule im Interesse eines für die Kinder sinnvollen Überganges kooperieren.

Nun ist im Zusammenhang mit der neuen Bildungsdebatte auch wieder diese erledigt geglaubte Frage nach der Zuordnung der Fünfjährigen aufgebrochen. Wieder geht es vorrangig um die Möglichkeiten intellektueller Förderung, um Verkürzung von Bildungswegen und – verdeckt – wohl auch um zu erwartende freie Kapazitäten in Schulen, also um Arbeitsplätze und Budgets. Erzieherinnen und Eltern werden gut daran tun, sich auf die Neuauflage dieses alten Streites vorzubereiten.

Bei allen inhaltlichen Unterschieden gilt im Westen wie im Osten: Schulvorbereitung ist im wesentlichen keine Sonderaufgabe der letzten Jahre, die ganze Kindergartenarbeit ist auch darauf angelegt, Kinder zum erfolgreichen Übergang in die Schule zu befähigen. Diese Befähigung aber wird nicht in der Vermittlung besonderer Fertigkeiten und Techniken gesehen, sondern in der Förderung von grundlegenden sozialen, emotionalen, körperlichen und geistigen Kompetenzen.

Ein Beispiel: In einem Brief an die Eltern der Kinder, die im kommenden Jahr zur Schule wechseln werden, nennen die Mitarbeiterinnen des Evang. Kindergartens in Jugenheim folgende Zielsetzungen für ihr Vorbereitungsprogramm: Selbstbewußtsein, soziales Verhalten, Durchsetzungsvermögen, Ausdauer, Konzentration, Lernfreude, Aufmerksamkeit, Geschicklichkeit, Zuhören und Sich-sprachlich-Ausdrücken, Selbständigkeit, emotionale Stabilität; Zielsetzungen sicherlich nicht nur für ein besonderes Schulanfänger-Programm, sondern für die ganze Arbeit.

Dennoch wird die Frage nach dem Übergang für Kinder, Eltern und Erzieherinnen im letzten Abschnitt der Kindergartenzeit besonders dringlich und verlangt gesonderte Aufmerksamkeit. Dazu gehört auch die immer wieder bestätigte Erfahrung, daß sich die Kinder in dieser Zeit rasch verändern, deutlich «größer» werden, lauter, selbstbewußter, extrovertierter.

Mit sechs Jahren ist es «soweit», daß der Wechsel vollzogen werden kann. Das bestätigen viele Erfahrungen.

Das letzte (halbe) Jahr: mehr als nur Wartezeit

Spätestens nach Weihnachten richten die Kinder in ihrem letzten Kindergartenjahr den Blick intensiv Richtung Schule. Es bedarf keiner besonderen Animation durch die Eltern oder Erzieherinnen. Schule ist attraktiv, denn Schule ist das Privileg der Großen, faszinierend neu und auch beängstigend. Das Hineinversetzen in die Rolle des Schülers oder der Schülerin macht erhaben über die Niederungen des Kindergartens.

Die Kinder brauchen in dieser Phase Erwachsene, die diesen Perspektivenwechsel akzeptieren, ohne gekränkt zu sein. Solche Erwachsenen können den Kindern helfen, das Hin und Her zwischen Größenphantasien und Selbstzweifeln, zwischen Mutdemonstrationen und Angst auszubalancieren.

Vieles an diesem Übergang in die Schule ist den Erfahrungen vergleichbar, die beim Kindergartenanfang gemacht wurden, Schönes wie Schweres, für Kinder wie für Eltern. Je bewußter der Kindergartenanfang durchlebt wurde, um so sicherer wird jetzt der Boden sein, auf dem der große Schritt vom Kindergarten in die Schule getan werden kann. Und beim Kindergartenanfang unerledigte Ängste und Probleme kommen spätestens jetzt vergrößert wieder zutage.

Es können freilich auch andere Gründe hinzukommen, die das letzte (halbe) Jahr im Kindergarten zu einer eher etwas langweiligen Wartezeit werden lassen. Wo die Arbeit im Kindergarten noch immer einem sich jährlich wiederholenden Plan folgt, da erleben die älteren Kinder manches zum dritten- oder gar viertenmal. Da wird das Muttertags-Geschenk-Basteln allenfalls noch durch den Unsinn interessant, den man dabei machen kann.

Ein anderer Grund, der vor allem bei Jungen zum Überdruß am Kindergarten führt (wofür sie sich dann schnell die tadelnden Etiketten «verhaltensauffällig», «hypermotorisch» oder «fernsehgeschädigt» einhandeln): Die Angebote des Kindergartens werden den Interessen und Fähigkeiten der Großen, besonders der großen Jungen, oft weniger gerecht als denen der Vierjährigen und der Mädchen.

Oft fehlt in den Kindergärten die Werkbank, an der größere Kinder ihre Fähigkeiten erproben können. Oft fehlen im Außengelände die Möglichkeiten, Mutproben abzulegen oder sein Geschick zu demonstrieren. Der Kindergarten ist, seit es ihn gibt, eine Frauendomäne. Das mag der Grund dafür sein, daß fast selbstverständlich vieles ausgeklammert wird, was die größeren Jungen und – vielleicht verdeckter – auch viele Mädchen suchen. Hier braucht es die Mithilfe von Eltern.

In den Alltag einbezogen, haben in dieser Zeit dann auch *besondere Angebote* für die Sechsjährigen ihren Sinn. Sie sollen ihr aus Unsicherheit so dick aufgetragenes Bedürfnis, groß zu sein, stützen. Solche Aktionen für Kinder, die in die Schule wechseln, werden inzwischen häufiger in Kindergärten praktiziert, z. B.:

- Übernachten im Kindergarten mit gemeinsamem Abendessen und Frühstück, natürlich inklusive Gutenachtgeschichte und «kleines Nachtgespenst»;
- Besuch in einem Kindermuseum oder Kindertheater;
- eine mehrtägige Freizeit in einem geeigneten Heim in der Nähe, mit Beteiligung einiger Eltern, zum Teil finanziert durch einen Flohmarkt;
- ein Schwimmkurs;
- größere Wanderungen oder kleinere Fahrradausflüge in die Umgebung;
- ein wöchentlicher Nachmittag mit gezieltem Programm für die Größeren.

Mit Bedacht haben wir in diesem Kapitel zuerst nochmals vom Alltag des Kindergartens geredet. Ein (halbes) Jahr wäre wirklich viel zu schade, um nur als Vorbereitungs- oder Wartezeit auf Kommendes gefüllt zu werden. Aber gerade wenn diese Zeit als erfüllte und spannende Abschlußphase im Kindergarten erlebt wird, dann haben darin auch gezielte Vorbereitungen auf Kommendes ihren Platz.

Schule ist anders

Der Wechsel vom Kindergarten in die Schule ist ein größerer Schritt, als es beispielsweise ein umzugsbedingter Wechsel von einem Kindergarten in einen anderen wäre. Nicht nur eine neue Kindergruppe, andere Erwachsene, neue Räume, Regeln und Gewohnheiten sind zu bewältigen. Aus den Großen im Kindergarten werden in der Schule erst einmal wieder die Kleinsten. Vor allem aber sind Kindergarten und Schule unterschiedliche Institutionen. Stellt man einige Unterschiede überpointiert zusammen, wird deutlich, wie tiefgreifend der Wechsel ist, den die Kinder zu vollziehen haben:

- eher spielendes Lernen hier – eher aufgabenbezogenes Lernen dort;
- Vorrang des sozialen Lernens hier – an einem Bildungskanon orientiertes Lernen dort;
- Lernen, bei dem der Weg wichtiger ist als das Ergebnis hier – ergebnisorientiertes Lernen dort;
- gemeinsames Leben und Lernen hier – individuelles, Leistungen vergleichendes Lernen dort;
- eine meist über Jahre anwesende Erzieherin hier – der zunehmende Wechsel von Fachlehrern und -lehrerinnen dort;
- Freiwilligkeit hier – Schulpflicht dort;
- altersgemischte Gruppen hier – Jahrgangsklassen dort;
- (meist) überschaubare kleine Einrichtungen hier – (oft) große Schulkomplexe dort;
- erwünschte Elternmitwirkung hier – Lehrerinnen-Dominanz dort.

In diesem Übergang liegen große Entwicklungschancen für die Kinder. Ein so gravierender Übergang kann aber auch zum Problem werden. Probleme, die die Kinder in der Schule haben, werden meist an den Schulleistungen deutlich. Und solche spürbaren Leistungsprobleme gibt es. In Bayern z. B. wiederholen 3,6 Prozent der Kinder eines der beiden ersten Schuljahre, 8 Prozent der Kinder werden zurückgestellt. Auf 20 bis 30 Prozent wird die Zahl der Schüler geschätzt, die ernsthafte Probleme mit den Anforderungen der Grundschule bekommen, wobei in den allermeisten Fällen Leistungsprobleme verknüpft sind mit sozialen und emotionalen Schwierigkeiten (vor allem Angst). «Schulstart – Fehlstart?» lautete der plakative Titel eines Fachbuches zu diesem Thema, die Frage wird nicht rundweg verneint. Aber Leistungsanforderungen sind nicht die einzigen Hürden, Kinder können auch bei durchaus guten und belobigten Leistungen den Wechsel als Problem erleben.

Gruppen, die am Anfang mit besonderen Schwierigkeiten zu kämpfen haben, sind: Kinder, die keinen Kindergarten besucht haben; Kinder aus sozial benachteiligten Familien; Kinder ausländischer Eltern.

Angesichts dieser Probleme wurde schon vor vielen Jahren auf beiden Seiten erkannt, daß ein solch einschneidender Übergang nicht abrupt vollzogen werden kann. Die Forderung eines «gleitenden Überganges» ist bis hinauf in die Kultusministerien zu einer allseits akzeptierten Forderung geworden, in verschiedenen Bundesländern wurden – im einzelnen unterschiedliche, aber in der Zielrichtung vergleichbare – Regelungen erlassen.

Wie der Kindergarten, so wurde auch die Grundschule in einen Reformprozeß hineingenommen. Viele Schulen haben sich dabei bemerkenswert verändert, stärker sozialpädagogische Elemente übernommen. So gibt es in den beiden ersten Jahren keine Zensuren mehr, sondern in Worte gefaßte Beurteilungen, spielerische Lernmethoden werden verstärkt angewendet, Klassenräume und Schulhöfe umgestaltet, so daß wechselnde Nutzungsmöglichkeiten und Spielräume entstanden sind, offenere Arbeitsmaterialien und Arbeitsformen wurden entwickelt, die Rolle der Klassenlehrerin wird gegenüber dem Fachlehrer-Prinzip wieder stärker betont, die Tendenz zu immer größeren Mittelpunktschulen ist gestoppt …

Sowenig der Kindergarten noch das ist, was Sie vermutlich noch selbst erlebt und in Erinnerung haben, so weit kann Ihr Bild von der Schule entfernt sein von dem, was Ihr Kind bald als Schule antreffen wird.

Im Zusammenhang der Bildungsreform-Diskussion der 60er Jahre wurde mit mehrjährigen «Eingangsstufen» oder einjährigen «Vorklassen» eine Zwischenstation zwischen Kindergarten und Grundschule gefordert und erprobt.

Diese Bemühungen sind in der Diskussion und in der Praxis inzwischen wieder in den Hintergrund getreten. Als Stichwort für den gleitenden Übergang bleibt der Weg der «Zusammenarbeit von Kindergarten und Grundschule». Und hier hat sich viel getan.

Wichtigstes Ziel vom Kindergarten her gesehen ist in der Vorbereitung, daß sich keine Angst vor der Schule aufbaut, sondern daß die Kinder selbstbewußt und selbständig diesen Übergang bewältigen. Gerade nicht das beängstigende «Jetzt beginnt der Ernst des Lebens» sollte die prägende Tonlage in der Begleitung der Kinder sein, sondern: «Jetzt beginnt ein neuer Abschnitt, mit neuen Abenteuern, neuen Freiheiten und neuen Aufgaben – du wirst Spaß haben, und du wirst das schaffen!»

Kinder dürfen nicht Objekte des Übergangs werden, sondern brauchen das Gefühl, daß sie im Mittelpunkt stehen und ihre Aktivität zählt. Sie sind nicht unbeschriebene Blätter, sondern bringen ihre Fähigkeiten und Fragen, Vorkenntnisse und Unsicherheiten mit, sie wollen in ihrer Individualität respektiert sein und nicht an einer abstrakten Norm «Schulreife» oder «Schulfähigkeit» gemessen werden.

Wann soll mein Kind eingeschult werden?

Der Übergang in die Schule stellt Eltern und Kinder vor eine Reihe gewichtiger Entscheidungen. Zu einigen Aspekten, die Sie vielleicht besonders berühren, haben wir knappe Informationen zusammengestellt, die Ihnen eine erste Orientierung ermöglichen sollen.

Schulreife / Schulfähigkeit / Schulreifetests

Im früher üblichen Begriff «Schulreife» steckt die Vorstellung, daß sich Kinder in einem aus ihrer Natur gesteuerten Wachstumsprozeß entwickeln. Die Aufgabe am Schulanfang besteht dann darin, den richtigen Zeitpunkt zu finden, an dem das Kind sich so weit entwickelt hat, daß es den schulischen Erwartungen entspricht. Von dieser Vorstellung ausgehend, wurden in den 50er Jahren viele Kinder zurückgestellt, um ihnen eine Phase der «Nachreifung» zu ermöglichen.

Durch zahlreiche Beobachtungen und Forschungen wurde dieses Bild von der Entwicklung des Kindes als eindeutig nicht zutreffend erkannt. Konsequenterweise ersetzte man den Begriff Schulreife durch den Begriff Schulfähigkeit. Dabei geht es vor allem um zwei Korrekturen:

- Der Entwicklungsstand eines Kindes ist Ergebnis eines Prozesses, auf den viele Faktoren einwirken, vor allem die Anregungen, die die unmittelbare Umgebung des Kindes vermittelt. Bloßes Warten allein bringt also wenig. Ferner gilt es, verschiedene Fähigkeitsbereiche zu sehen (körperlich, intellektuell, sozial, emotional), die sehr unterschiedlich entwickelt sein können. Vielleicht ist dementsprechend zutreffender von Schulbereitschaft als von Schulfähigkeit zu reden.
- Zum anderen muß gefragt werden: Für welche Schule soll ein Kind eigentlich fähig sein? Anders gesagt: Es wird zugleich nach der Fähigkeit der Schule gefragt, den jeweiligen Kindern gerecht zu werden. Schulfähigkeit darf nicht verstanden werden als eine Norm, die die Kinder vor Schuleintritt zu erwerben haben, es ist vielmehr die Aufgabe der Schule, den Anfangsunterricht so zu gestalten, daß die Kinder eine ihnen angemessene Förderung erhalten.

Diesem Verständnis der Schulfähigkeit entspricht es nicht, wenn die Entscheidung über die Schulreife einsam durch den Schulleiter getroffen wird. Ein offenes Gespräch zwischen Eltern, Lehrern unter Einbeziehung der Erzieherinnen (falls die Eltern dies wünschen), schulärztlicher und eventuell schulpsychologischer Untersuchungsergebnisse ist die angemessenere Form. Eine so gemeinsam versuchte und verantwortete «Schuleingangsdiagnostik» erhöht erheblich die Chancen des Kindes auf einen erfreulichen und erfolgreichen Start.

Mit dem Begriff Schulreife sind auch die Schulreifetests auf dem Rückzug. Die Kritik an ihnen ist so stichhaltig und vielfältig, daß sich kaum noch Befürworter in der pädagogischen Diskussion zu Wort melden. So hat sich u. a. ergeben:

«Jeder Schulreifetest läßt eine andere Gruppe von Kindern ‹schulreif› oder ‹nicht schulreif› werden ... Tests sind keineswegs ‹objektiv›. Die meisten Lehrerinnen und Lehrer variieren Durchführung und Auswertung entsprechend ihrem pädagogischen Verständnis ... 50–60 Prozent der Kinder, denen ein Schulreifetest die Eignung abgesprochen hatte, konnten, wenn sie eingeschult wurden, trotzdem erfolgreich im Unterricht mitarbeiten. Am schwersten aber wiegt folgendes Argument: Wenn der Schuleintritt quasi mit einer Aufnahmeprüfung verbunden ist, beginnt der Leistungsdruck bereits im Kindergarten und zu Hause ...» (Portmann, R.: Schulanfang ohne Schulreifetest! In: Grundschule 3/86, S. 14 ff.)

Trotz solcher vielfacher und heftiger Kritik werden Tests durchgeführt, teilweise für alle Kinder (Eltern schulpflichtiger Kinder können die Teilnahme verweigern), teilweise nur für Kann-Kinder, teilweise nur für Kinder, die auf einen Zurückstellungsantrag hin begutachtet werden sollen.

Nach wie vor dienen die Tests dann nicht dazu, Hinweise für die gezielte Förderung der einzelnen Kinder zu erheben, sondern um Kinder auszusondern. In keinem Fall dürfen Testergebnisse überbewertet werden. Sie machen keine für die Schullaufbahn des Kindes verläßlichen Aussagen.

Schulpflicht / Kann-Kinder-Regelung

Schulpflichtig sind Kinder, die im Einschulungsjahr vor dem 1. Juli ihr sechstes Lebensjahr vollenden. Kinder, die in der zweiten Jahreshälfte sechs werden, können auf Antrag der Eltern eingeschult werden. Das hat ihnen den Titel «Kann-Kinder» eingetragen.

Diese Regelung wurde 1969 eingeführt unter dem Eindruck der damals entdeckten und stark betonten Lernmöglichkeiten der Kinder unter sechs Jahren. Diese Betonung möglichst frühzeitiger intellektueller Förderung wurde inzwischen wieder relativiert. Deutlicher wird wieder die Bedeutung spielerischer Lernformen und sozialer Erfahrungen gesehen. Und für diese bietet eher der Kindergarten als die Schule den Rahmen.

Die Entscheidung sollte in jedem Fall aus möglichst intensiver Kenntnis des Kindes und der Schule getroffen werden. Das offene Gespräch zwischen Eltern und Lehrern, unter Einbeziehung der Erfahrungen von Erziehern und schulärztlicher und schulpsychologischer Einsichten, bietet dafür die größte Chance. Nur in sehr seltenen Fällen (zwei Prozent) empfiehlt sich eine frühe Einschulung auf jeden Fall dann, wenn ein Kind hochbegabt ist.

Schulärztliche Untersuchung

Es handelt sich um eine vorgeschriebene – und deshalb oft mit Skepsis betrachtete – Hilfe bei der Einschulung. Bei aller Kritik daran sollte nicht vergessen werden, daß es auch Kinder gibt, die weniger sorgfältig von Eltern beobachtet oder ärztlich betreut sind.

Die Untersuchung findet meist in der aufnehmenden Schule statt, die da und dort erprobte Verlagerung in den Kindergarten hat sich als angstmindernd bewährt.

Untersucht werden vor allem: Hör- und Sehfähigkeit; Gewicht und Maße; körperliche Entwicklung; Bewegungsfähigkeit; Feinmotorik; Sprachentwicklung.

Durch einfache Tests und ein Gespräch mit den Eltern versucht sich die Ärztin bzw. der Arzt ein Bild von der Entwicklung des Kindes zu machen. Über etwaige Befunde und Zweifel an der Schulfähigkeit wird mit den Eltern ein Beratungsgespräch geführt. Die Ärztin oder der Arzt entscheidet nicht über die Schulfähigkeit. Diese Entscheidung trifft unter Berücksichtigung der schulärztlichen Auskunft der Schulleiter.

 Sinn und Zweck dieser Untersuchung sind umstritten. Sie hängen sehr davon ab, unter welchen Umständen, wie und von wem die Untersuchung durchgeführt wird.

Eingangsstufe in der Grundschule

Als Eingangsstufe werden verschiedene «sanfte» Übergangsmöglichkeiten vom Kindergarten in die Schule bezeichnet, die seit einigen Jahren als Modellversuche angeboten werden. Sie sehen z. B. so aus, daß Kinder, die bis zum 30. Juni fünf Jahre alt sind, mit den Kann-Kindern in eine sogenannte E1 (1. Schuljahr) eingeschult werden. Je nach Lerntempo gehen die Kinder entweder nach einem oder nach zwei Jahren in die E2 (2. Schuljahr). Oder auch so wie in Bayern, wo es eine jahrgangsübergreifende Eingangsstufe für die ersten beiden Klassen gibt. Die Kinder wechseln nach ein, zwei oder drei Jahren in die dritte Klasse.

Vorklasse / Vorschulklasse

Für Kinder, die schulpflichtig, aber in wichtigen Bereichen noch nicht schulfähig sind, wurden unter verschiedenen Bezeichnungen im Rahmen der Schule besondere Angebote geschaffen. Diese sollen den Kindern schon in der Schule, aber noch gänzlich ohne schulische Leistungsanforderungen, ermöglichen, die Fähigkeiten zu erwerben, die ihnen für einen erfolgreichen Schulbesuch noch fehlen. Dies sind oft Kenntnisse in der deutschen Sprache, können aber auch bessere Konzentrationsfähigkeit oder beispielsweise Überwindung der Schulangst sein.

Zurückstellen

Etwa acht Prozent der Kinder werden derzeit im Bundesdurchschnitt zurückgestellt. Die Zurückstellung vom Schuleintritt erfolgt meist im Gespräch zwischen Eltern und Schulleitern, wobei schulärztliche Hinweise auf einen körperlichen Entwicklungsrückstand oft ausschlaggebend sind. Zurückstellungen nach dem Schulanfang erfolgen meist auf Initiative der Klassenlehrer. Der Grund ist dann überwiegend das nach Meinung des Lehrers nicht genügend ausgebildete Arbeitsverhalten des Kindes.

Die Zurückstellung ohne das Angebot einer gezielten Förderung ist nur für eine kleine Gruppe von Kindern hilfreich: Kinder, die intellektuell unterdurchschnittlich befähigt sind, aber aus einem Elternhaus kommen, in dem sie zu geistigem Tun angeregt und in ihm gefördert werden. Ihnen erspart die Zurückstellung, daß sie später einmal sitzenbleiben. Alle anderen Kinder haben nach gründlichen Untersuchungen von der Zurückstellung keinen Gewinn. Zwar gelingt ihnen der Start in der Grundschule besser, doch ist ihr Vorsprung gegenüber den jüngeren Kindern sehr bald abgebaut. Und dann überwiegen die negativen Folgen der Zurückstellung, dass diese nämlich von Kindern und Eltern als Mißerfolg erlebt wird, dass die Kinder durch die Zurückstellung ihre Spielkameraden verloren haben und den Eltern weitere Kosten an Geld und Zeit entstehen.

Ein Buch zum Weiterlesen

1999 erscheint in der Reihe «Mit Kindern leben» das rororo-Buch «Schulstart – Tips und Anregungen für Schulanfang und erstes Schuljahr» (rororo 18599), herausgegeben von Bernhard Schön.

Kompagnons für Kinder

(Marianne Krug)

Eltern brauchen eine Lobby, Kindertageseinrichtungen brauchen eine Lobby, und die Kinder selbst brauchen sie erst recht. Denn: Kinder sind rare Mitbewohner geworden, denen in unseren wohlhabenden europäischen Ländern viele Erwachsene, insbesondere immer mehr Menschen im Großelternalter, gegenüberstehen.

Kinder – eine Minderheit

Manchmal werden Kinder einfach «überstimmt»; man vergißt, daß es Menschen mit anderen als Erwachsenenbedürfnissen gibt. Es ist eben heute keineswegs mehr selbstverständlich, daß alle Erwachsenen direkte und lebendige Erfahrungen mit kleinen Kindern machen. Manche können sich die besondere Gefährdung, aber auch alles andere, was das Leben mit Kindern ausmacht – ihre Geräusche, ihre spezielle Art der «Ordnung», ihr Bewegungsbedürfnis, ihre Sprunghaftigkeit, ihre Neugier und Lebenslust –, überhaupt nicht mehr vorstellen. In vielen Bereichen des Alltags spielen Kinder heute einfach keine Rolle; man hat sich daran gewöhnt, daß sie meistens «gut aufgehoben» sind. So kommt es dann, daß Kindergeräusche mit Dezibel gemessen werden und darüber gestritten wird, wieviel solcher schädlichen «Lärmemissionen» eine Nachbarschaft ertragen muß ... Unsere deutsche Gesellschaft gehört zu den «kinderentwöhnten» Gesellschaften, obwohl sich natürlich niemand nachsagen lassen mag, kein Kinderfreund zu sein.

«Wir tun was für Kinder», heißt es oft, und dann verweisen die

(Kommunal-)Politiker auf Kindertageseinrichtungen, auf Spielplätze, Musikschulen, auf Beratungsstellen, Ferienangebote und alle möglichen anderen Angebote speziell für Kinder. Es stimmt ja auch: Für die Kinder wird schon etwas ausgegeben, aber all das ist eben auch zweischneidig. Allzu oft steht dahinter, daß für die nachwachsende Generation im normalen Zusammensein mit den Erwachsenen eben zuwenig Platz ist; vieles, was wir Erwachsenen tun (müssen), kann den Kindern nicht mehr zugemutet werden. Ein «Nebenher-Mitlaufen» im Schlepptau der Geschwister und Erwachsenen und dabei groß werden in der Geborgenheit einer Familie mit überschaubaren Bezügen nach draußen – diese Form des Aufwachsens, die viele der Älteren noch aus der eigenen Kindheit kennen, gelingt heute selten von allein. Vielen modernen Familien sind nämlich die sozialen Netze – gute Nachbarschaften, Verwandte am Ort, belastbare Freundschaften – durch Wohnortwechsel und zeitkostende Arbeitsverhältnisse abhanden gekommen. Es sind die Kinder und die alten Menschen, die das besonders zu spüren bekommen.

Kinder brauchen Nebenheimaten

Kinder brauchen neben ihren Eltern aber auch «Kompagnons»: Leute, die sie freundlich im Auge haben, Orte mit Nachbarschaftsqualität, wo sie nicht gefährdet, sondern willkommen sind. Orte, an denen sie kontinuierliche und belastbare Beziehungen zu anderen Mädchen und Jungen und zu Erwachsenen aufbauen können, also auf Männer und Frauen treffen, die nicht einfach vorübereilen, sondern mit denen man als Kind rechnen kann, gelegentlich auch rechnen muß. – Selbstverständliche Geborgenheit in einem überschaubaren Umfeld, genügend Bewegungsraum und Zeit sind im Kinderleben höchst seltene Güter geworden. Unsere Kinder müssen sich mobil und flexibel auf die wechselnden Verhältnisse einstellen; ihnen wird abverlangt, die Mobilität der Erwachsenen mitzumachen und mit Trennungen, Übergängen, mit neuen Beziehungskonstellationen und mit weitverbreiteter

Anonymität fertig zu werden. Um so mehr ist es deshalb eine Verpflichtung für Erwachsene, den Kindern trotz alledem Entfaltungsmöglichkeiten, Sicherheit und Stabilität sowie eine Reihe von elementaren Erfahrungen zu bieten, damit sie in einer immer unsteter und differenzierter werdenden Welt zurechtkommen.

Dies gelingt dann am ehesten, wenn den Kindern neben ihren Elternhäusern auch wieder genügend anregungsreiche und förderliche öffentliche Lebensräume zur Verfügung stehen. Moderne Kinder brauchen stabile Nebenheimaten. Jedoch eine Erfahrung machen alle Eltern, egal, ob sie in der Stadt oder in Landgemeinden wohnen: Vieles gibt es nicht mehr «naturwüchsig» und auch nicht zum Nulltarif, und manches – z. B. ein guter Kindergarten mit Nachbarschaftsqualität – muß heute mit Bedacht und eben auch mit einigem Kostenaufwand hergestellt werden.

Kindergärten als Kompagnons für die Kinder

Gute Kindertageseinrichtungen können «Kompagnons» für Kinder sein; sie bringen Kinder aus unterschiedlichen Lebenshintergründen zusammen, geben Geborgenheit, und sie bahnen ihnen einen Weg ins öffentliche Leben. Allerdings: So wichtig das Engagement von Erzieherinnen und Sozialpädagogen auch ist, damit allein ist es nicht getan. Die sozialpolitische Leistung von Kindertageseinrichtungen kann sich heute nicht in Betreuungsleistungen und guten pädagogischen Angeboten erschöpfen. Es geht eben nicht bloß um ein reibungsloses Wegorganisieren von Kindern aus der Erwachsenenwelt mit dem Prädikat «pädagogisch wertvoll», sondern darum, daß sich hier Familien begegnen können und gemeinsam stärker werden im Anmelden und Durchsetzen von Kinderinteressen. Denn eine Kultur des guten Aufwachsens von Kindern umfaßt mehr als verschiedene Angebote und Einrichtungen für Kinder. Deshalb geht es auch darum, über den Kindergarten hinaus Lebensansprüche von Kindern im Gemeinwesen präsent zu halten und sich im Sinn der Kinder einzumischen.

Kindergärten als Kompagnons für die Eltern

Erzieherinnen und Eltern können zusammen manches tun, und gemeinsam können sie für die Sache der Kinder wohl eher Bündnispartner gewinnen, als es jede Seite allein könnte. Es gilt, eine Lobby für Kinder am Ort aufzubauen, sich mit anderen zu vernetzen und damit Schritte einer kommunalen Kinderpolitik zu tun. Ziele wären, in der Gemeinschaft Kinder wieder mehr in den Blick zu nehmen, ihre Interessen besser zu beachten und auch die Kinder selbst an vielem, was sie angeht, besser zu beteiligen. Längerfristig führt nichts daran vorbei: Wir brauchen wieder aufmerksamere Nachbarschaften, lebendige Freundeskreise, Verwandtschaftsnetze oder Patenschaften, Kirchengemeinden, Sport- und andere Vereine, Stadtteil- und Bürgerinitiativen, die ein verantwortungsvolles generationenübergreifendes Zusammenleben praktizieren. Auch darin – und nicht nur in einer längst überfälligen, zeitgemäßen Rentenreform – läge ein Stück eines funktionierenden Generationenvertrages. Die Frage ist nur, wie wir zu dieser Nachbarschaft mit Kindern kommen. Eltern wissen aus Erfahrung: Die Bedürfnisse ihrer heranwachsenden Sprößlinge sind vielfältig. Setzt man sich für eine Sache ein, gäbe es daneben manches andere, was genauso nötig wäre: eine Fußgängerampel auf dem Weg zum Kindergarten, ein geschützter Trampelpfad zwischen den Wohnblocks hindurch, neuer Sand auf dem Spielplatz, ein Bolzplatz für die Größeren, mehr Frieden mit manchen älteren lärmempfindlichen Anwohnern, nicht plötzlich mitten auf der Durchgangsstraße endende Fahrradwege, kleinere Klassen und manches andere.

Meistens zeigt sich: Die Dinge sind viel komplizierter, als es auf den ersten Blick aussieht, mit gutem Willen allein ist es nicht getan: Bürokratische Hürden tun sich auf, die eine Vielzahl von Kontakten und Argumentationsstrategien erfordern. Mütter und Väter allein haben oft einfach einen zu kurzen Atem. Denn bis sich ein Erfolg einstellen würde, sind sie bereits wieder mit anderen Erfordernissen für ihre Kinder konfrontiert. Eltern wachsen mit den Bedürfnissen ihrer Kinder mit – und sie entwachsen ihnen ebenso schnell auch wieder, um gleich danach mit Neuem zurechtkommen zu müssen.

Vielen Müttern und Vätern, die sich auch irgendwann einmal mit mehr oder minder großem Erfolg für Kinderanliegen eingesetzt haben, erscheint es darum als der einzig gangbare Weg, sich privat durch diese aufreibenden, ereignisreichen Jahre durchzubeißen und eben immer wieder Kompromisse zu schließen. Hier liegt ein Grund, warum Elterninitiativen oft im Sand verlaufen, obwohl sie ursprünglich mit großem Elan begonnen haben. Allerdings: die Kinder haben eigentlich keine Zeit, um ein reichhaltiges und förderliches Leben zu verpassen, Kompromisse werden zu ihren Lasten ohnehin viel zu viele gemacht. Und: Kindererziehung kann auch nicht bloß das Privatvergnügen und die privat zu tragende Last der leiblichen Eltern sein, sondern sie geht alle etwas an.

Eltern & Co.

Nicht nur die Kinder benötigen «Kompagnons», sondern auch ihre Mütter und Väter, wenn sie mehr für Kinder erreichen wollen. Das gilt um so mehr, je weniger Haushalte mit kleinen Kindern im Umfeld es gibt, denn oftmals stehen Eltern ganz schön alleine da. – Eltern & Co., dies wäre eine Perspektive, die es auch solchen Müttern und Vätern leichter machen würde, sich für Kinder über den privaten Rahmen hinaus zu engagieren, die allein zuwenig Zeit oder auch manche Hemmungen haben. Pädagoginnen in den Kindergärten bieten sich hier als «Kompagnons» an. Sie sind Fachfrauen für den Kinderalltag. Anders als Eltern, die mit ihren – zumeist nur mehr wenigen Kindern – durch Phasen recht schnell durchwachsen, haben sie es jahrelang mit vielen Kindern einer Altersstufe zu tun; sie haben ein Fachwissen über Fragen der Kinderentwicklung und können Vergleiche ziehen; oft sehen sie manches auch gelassener und können verunsicherten Eltern Rückmeldungen geben. An anderen Stellen, die Eltern vielleicht übersehen würden, erkennen sie mit ihrer breiteren Erfahrung Zusammenhänge und können Eltern aufmerksam machen.

Eltern brauchen also kundige «Kompagnons». Meistens kennen die Fachkräfte im Kindergarten viele Menschen im Einzugsgebiet, z. B. ehemalige Kindergarteneltern, gelegentlich auch Menschen in Schlüsselstellungen, die man bei bestimmten Anliegen ansprechen kann. Gerade bei freien Trägern, die persönlich im Einzugsgebiet verankert sind (etwa Kirchengemeinden) und in den Kindergärten kleinerer Gemeinden, ergeben sich damit Chancen, über persönliche Kontakte für Kinder etwas zu erreichen. Aber auch in größeren Orten haben die Erzieherinnen eine ganze Menge an Kenntnissen darüber, wohin man sich mit welchem Anliegen wenden kann und wen es mit welchen Argumenten zu gewinnen gilt: das Gartenbauamt für die Spielplätze, die Sachbearbeiterin im Schulamt für die Verbesserung der Schulbussituation, Frauenbeauftragte für die Entlastung überlasteter Mütter, Fachkräfte des Allgemeinen Sozialdienstes für Trennungsprobleme der Eltern, aufgeschlossene Stadt- und Gemeinderäte für die Thematisierung mancher Anliegen in den entsprechenden kommunalpolitischen Ausschüssen.

Unsere hoch differenzierte Gesellschaftsstruktur ist vom Zusammenprall vieler Interessen geprägt und mißt ökonomischen Interessen einen hohen Stellenwert bei – da genügt es leider nicht mehr, die Bedürfnisse von Kindern nur zu benennen und darauf zu vertrauen, daß dies jedem einleuchten müßte. – Lobbyarbeit für Kinder beginnt im kleinen, sie ist weder Heldentum noch Zauberei, sie erfordert engagierte Eltern und kundige Fachkräfte.

Gesetzlicher Auftrag: Lobby-Arbeit für Kinder

Sich für mehr Kinderfreundlichkeit in Städten und Dörfern einzusetzen, gehört heute mit zu den Aufgaben von Pädagoginnen in Kindergärten und ist auch ein Ziel, für das sich Kindergartenträger einsetzen sollten. Diese Aufgabe verbindet sie mit allen anderen Beteiligten in der Jugendhilfe. Eltern sollten sich darauf berufen, in den Mitarbeitenden der Kindergärten Partner für ihre Anliegen zu haben.

Auch die Politik hat sich deutlich für eine Verbesserung der Lage von Kindern ausgesprochen und dies an verschiedenen markanten Stellen festgelegt: So hat Deutschland 1992 nach langen und schwierigen Abstimmungsprozessen die *UN-Konvention für die «Rechte der Kinder»* ratifiziert – eine Verpflichtung der internationalen Staatengemeinschaft zum Schutz und zur Beachtung der Rechte von Kindern. Erstmalig werden Kinder in diesem rechtsverbindlichen Dokument als Träger unveräußerlicher Bürgerrechte anerkannt, und auch die Respektierung der Elternrechte und -pflichten wird hier deutlich herausgestellt. Die Mädchen und Jungen haben ein Recht auf vielerlei Hilfen der staatlichen Gemeinschaft, in der sie leben; dies gilt ohne Unterschied für alle Kinder gleichermaßen. Außerdem sollen sie ernsthafter und qualifizierter bei Planungen und Entscheidungen einbezogen werden, die sie betreffen.

Wer diese verbrieften Rechte von Kindern studiert und daran unsere bundesdeutsche Realität mißt, erkennt: Es ist keineswegs so, daß im Blick auf Lebensrechte von Kindern nur noch in Entwicklungsländern und in Staaten ohne Demokratie Nachholbedarf bestünde, sondern auch bei uns gibt es noch vieles zu tun.

Seit 1991 gilt in Deutschland auf der Bundesebene das *«Kinder- und Jugendhilfegesetz» (KJHG)*, das an zentraler Stelle (§ 1 Abs. 3) alle Beteiligten in der Jugendhilfe dazu verpflichtet, «dazu beizutragen, positive Lebensbedingungen für junge Menschen und ihre Familien sowie eine kinder- und familienfreundliche Umwelt zu erhalten oder zu schaffen». An mehreren Stellen (§ 80 und § 81) unterstreicht das Gesetz deutlich, daß es dabei um mehr als nur um ausreichende Plätze und kinderfreundliche Abläufe in den entsprechenden Einrichtungen gehen soll. Vom Gesetz her gewünscht ist, den Familien rechtzeitig Unterstützung und Begleitung in ihrem Alltag mit Kindern bereitzustellen, dabei sollen Familien in «gefährdeten Lebens- und Wohnbereichen besonders gefördert» (Prävention) und insgesamt darauf geachtet werden, daß zwischen den Einrichtungen und den Familien partnerschaftliche Kontakte bestehen, die die Familien untereinander verbinden und Selbsthilfekräfte stärken (Erziehungspartnerschaft).

Was bedeutet das für Eltern, deren Kinder einen Kindergarten besuchen? Sie sollen sich miteinander im Kindergarten darüber verständigen können, was für Kinder in den jeweiligen Wohnumfeldern wünschenswert wäre und wo sich für junge Familien Bedarf nach Unterstützung im Alltag abzeichnet. Danach wäre dafür zu sorgen, daß ihre Anliegen über die Kindergärten bzw. deren Träger an die Stadtverwaltungen und Landratsämter weitergetragen werden. Die gebündelten Anliegen müßten in die sogenannte Jugendhilfeplanung eingehen, die vom zuständigen Jugendamt laut Gesetzesauftrag zu erarbeiten und ständig fortzuschreiben ist – gewissermaßen ein offiziell gültiger Verpflichtungskatalog für die Kommunalpolitik, nach dessen schrittweiser Erfüllung immer wieder gefragt werden kann. Ausdrücklich erwünscht ist übrigens, die freien Träger mit ihren Fachkräften hierbei frühzeitig und umfassend zu beteiligen und möglichst viele Erfahrungen der Familien selbst eingehen zu lassen.

Ein hoher Anspruch, den der Gesetzgeber da formuliert hat und der noch keineswegs überall erreicht ist. Jedenfalls: Für Eltern ist es wichtig, dies zu wissen und im Einzelfall die Mitarbeiterinnen und die Träger der Kindergärten auch an solche (gesetzlichen) Instrumente zur Durchsetzung von Kinderanliegen zu erinnern.

Die Rahmenbedingungen in den Kindertageseinrichtungen erlauben solche kinderpolitischen Schritte heute keineswegs überall: Was vom Bundesgesetz her seit Jahren verlangt wird, müßte auf der Ebene von Landesgesetzen in der öffentlichen Bezuschussung und in der davon abhängigen Personalbesetzung der Einrichtungen oft erst ermöglicht werden. Zu hoffen bleibt, daß Spielräume, die sich vielleicht durch den Rückgang der Kinderzahlen in der Belegung der Einrichtungen eröffnen könnten, nicht sofort dem Spar-Rotstift zum Opfer fallen. Auch da sind rührige Eltern nötig: Sie sollten kundtun, wo sie sich überall die Mithilfe von Fachkräften wünschen, und sollten zusammen mit den interessierten Erzieherinnen für eine Erweiterung von deren Berufsaufgaben eintreten.

Kommunale Lobby-Arbeit

Die Themenvielfalt kommunaler Lobby-Arbeit für Kinder ist unerschöpflich; sie richtet sich nach den örtlichen Gegebenheiten und knüpft jeweils an unterschiedlichen Traditionen an. Nicht das spektakuläre Projekt ist wichtig, sondern die kleinen Schritte und vor allem die glaubwürdigen Signale an die Kinder selbst. Die Mädchen und

Wir brauchen euch!

Jungen sollen Spuren hinterlassen können, und sie sollen erfahren, daß sie die Welt ein kleines Stück zum Positiven hin gestalten können, wenn die Erwachsenen ihnen dabei helfen.

Es gibt eine Menge zu tun, um Kinderinteressen im öffentlichen Raum wieder präsenter zu machen. Eltern und Erzieherinnen ergänzen einander dabei auf gute Weise. Manchmal verwischen sich dabei sogar die Grenzen zwischen dem traditionellen Ehrenamt und neuen Formen der Arbeit für die Gemeinschaft. Spielen Träger mit, könnten sich hier in Form öffentlich bezuschußter Arbeitsbeschaffungs-Maßnahmen oder anderer Finanzierungsmodelle vielfältige Möglichkeiten für jung und alt eröffnen. Es käme aber auch dann darauf an, daß Eltern und Fachkräfte sich ihrer unterschiedlichen Rollen bewußt blieben und akzeptierten, daß solch ein Zusammenwirken auch eines geeigneten organisatorischen Rahmens bedarf.

Kinder brauchen eine Lobby. Kinder haben bisher keine hinreichende Lobby. Entscheidungen zugunsten von Kindern zahlen sich politisch offenbar nicht schnell genug aus. Eltern und Erzieherinnen sind ein unverzichtbarer Teil der Lobby für Kinder. Sie brauchen Koalitionspartner – Kompagnons –, und diese gibt es in vielen Bereichen. Es ist der Kinder wegen dringend nötig, daß Kindergärten Orte werden, an denen sich immer wieder neu eine Lobby für Kinder bildet, die in den Rathäusern und Parlamentsfluren nicht mehr so leicht übergangen werden kann. Wo denn, wenn nicht in den Kindergärten, sollte das alles vorbereitet werden.

Autorinnen und Autoren

Christiane Benthin, Erzieherin und Diplom-Sozialpädagogin, war mehrere Jahre Leiterin eines Kindergartens und ist jetzt in der Ausbildung von Erzieherinnen engagiert. Sie ist Autorin in Fachzeitschriften für Sozialpädagogik und hat zwei kleine Töchter.

Gottfried Bichsel, Diplom-Sozialpädagoge, Ausbildung zum Psychodrama-Leiter, verschiedene Tätigkeiten im Bereich Tageseinrichtungen für Kinder: Leiter einer Kindertagesstätte, Fachberatung für Tageseinrichtungen, Fortbildungstätigkeit, Schutz von Kindern und Jugendlichen (Aufsicht), Leiter des Sachgebietes Kindertageseinrichtungen im Landesjugendamt des Landeswohlfahrtsverbands Baden. Vater von drei Kindern.

Rainer Hoehne, Dr. med., praktizierender Kinderarzt und Professor für Sozialpädiatrie an der Fachhochschule Lüneburg.

Egbert Haug-Zapp, Pfarrer, Journalist, Leiter der evang. Ausbildungsstätten für Sozialpädagogik im Elisabethenstift Darmstadt. Davor jahrzehntelang in der Fortbildung von Erzieherinnen und in der Fachpublizistik tätig. Mitverfasser verschiedener sozial- und religionspädagogischer Veröffentlichungen (u. a. Hg. mit Heidi Mühle: «Wenn Kinder nach Gott fragen», rororo 9561). Vater von vier Kindern.

Anne Kettner-Grosbüsch, Erzieherin und Diplom-Sozialpädagogin, ist nach jahrelanger Arbeit in der Fortbildung und Beratung von Erzieherinnen wieder Leiterin eines Kindergartens. Sie publiziert in Fachzeitschriften für Erzieherinnen und ist in der Ausbildung sozialpädagogischer Fachkräfte tätig. Mutter einer Tochter.

Marianne Krug, Pädagogin M. A., war über 20 Jahre lang tätig in der wissenschaftlichen Begleitung von Modellprojekten in Kindertageseinrichtungen. Danach zwei Jahre lang Frauenbeauftragte in ihrer süddeutschen Heimatstadt. Seither ist sie in der Fortbildung für Mitarbeiterinnen von Kindertageseinrichtungen und in der Ausbildung von Fachkräften der Altenpflege tätig und außerdem aktiv im Kinderschutzbund. Mutter von zwei Jugendlichen.

Christine Lipp-Peetz, Diplom-Pädagogin und Erzieherin, war mehrere Jahre wissenschaftliche Mitarbeiterin der Freien Universität Berlin im Fachbereich Erziehungswissenschaften, hat Erfahrung in der Fortbildung von Erzieherinnen und in Modellprojekten zur Reform öffentlicher Kleinkinderziehung. Über zehn Jahre war sie Redakteurin einer Fachzeitschrift für Erzieherinnen, ist Autorin mehrerer Fachbücher, bildet jetzt Erzieherinnen aus und hat drei Patentöchter.

Thomas Mörsberger, nach rechts- und sozialwissenschaftlichem Studium zunächst Rechtsanwalt, dann wissenschaftlicher Referent im Fortbildungswerk des Deutschen Vereins für öffentliche und private Fürsorge, Frankfurt a. M., seit 1993 Leiter des Landesjugendamtes beim Landeswohlfahrtsverband Baden, Karlsruhe. Vater von zwei Töchtern.

Sabine Naumann, Diplom-Pädagogin und Dr. päd., hat selbst als Kindergärtnerin gearbeitet und war in der Forschung und Lehre der Humboldt-Universität Berlin tätig. Sie war wissenschaftliche Mitarbeiterin der Freien Universität Berlin im Modellprojekt Kindersituationen und hat mehrere Fachbücher für Erzieherinnen veröffentlicht. Mutter von zwei Söhnen.

Irmgard Wagner, Diplom-Sozialpädagogin und Erzieherin, war in der Fachberatung für Kindertagesstätten in der Evangelischen Kirche Hessen und Nassau tätig, hat selbst Kindergärten geleitet und ist jetzt stellvertretende Leiterin der evangelischen Ausbildungsstätten im Elisabethenstift Darmstadt. Trägervertreterin eines evangelischen Kinderhauses.